大明侃史官

李飞 著

中國華僑出版社
·北京·

图书在版编目（CIP）数据

大明侃史官 / 李飞著．—北京：中国华侨出版社，2022.2

ISBN 978-7-5113-8726-4

Ⅰ．①大…　Ⅱ．①李…　Ⅲ．①中国历史—明代—通俗读物　Ⅳ．①K248.09

中国版本图书馆CIP数据核字（2021）252433号

●大明侃史官

著　　者/李　飞
责任编辑/李胜佳
封面设计/一个人 · 设计
经　　销/新华书店
开　　本/710毫米×1000毫米　1/16　印张/15　字数/215千字
印　　刷/北京溢漾印刷有限公司
版　　次/2022年2月第1版　2022年2月第1次印刷
书　　号/ISBN 978-7-5113-8726-4
定　　价/49.80元

中国华侨出版社　　北京市朝阳区西坝河东里77号楼底商5号　　邮编：100028
编辑部：（010）64443056
发行部：（010）64443051　　　　传　真：64439708
网　址：www.oveaschin.com　　E-mail：oveaschin@sina.com

前言

Preface

明朝那些帝，各个都有趣。

在明朝，正正经经工作的皇帝，一只手都能数过来，尤其到了中后期，皇帝基本都是不务正业的奇葩。

比如明英宗朱祁镇，像极了一个失败的电竞玩家，亲自带队去土木堡打野，结果竟是组团送人头，自己硬是住了一年多蒙古包才回到中原，接着又被弟弟软禁七年。太悲哀了！

再说明武宗朱厚照，这家伙名声太大了，提起正德皇帝，谁不知道他爱玩又好色，就连皇位都差点让给了大太监刘瑾。但是，他如此好色，怎么会没有孩子呢？

还有不上班的嘉靖、万历，痴迷木工的天启……这些人不管从哪个角度看，和“祖”字辈那两位也不像啊！难怪有人说，朱棣其实是元顺帝的儿子，后来出现了隔代遗传……

好了，我知道你们已经等不及了。现在，听我口令：全体都有，出发！

请跟随作者的脚步，踏上明朝的马路，读者朋友们千万要克制住，别一时疏忽，就把自己笑成了表情图。

现在，马上，开始，我们的“明朝史”。

——趣料，秘史，逸事，知识，敬请看，《大明侃史官》！

这是一本让你读得开心、记得牢固、有趣有料有深度的明朝史。填补你历史知识的空白，让你聊天调侃能炫耀，学习从此不枯燥，生活变得更有趣！

这是一本有灵魂、有内容、有猛料的明朝史，那些陷落在历史深处的人物在作者的笔下，不再是一个个生硬刻板的名字，而是一个个灵魂都散发着趣味的时代见证者。作者用现代人熟悉的诙谐手法，将历史各个朝代的发展、更迭、龙争虎斗、爱恨情仇以独特的视角展现出来，精彩，不容错过！

这里需要说明一下，小生不是资深历史学家，因而书中讲述或许会存在那么一点偏差，就麻烦大家仔细地给小生纠错吧，小生在此谢过了！

目录

Contents

篇四 令人发指——应运而生的明朝恐怖特务组织

篇五 打江山易，守江山难，大明这段时期有点乱

篇六 拨乱反正者——“宠妻狂魔”朱祐樘

篇七 从中兴到深渊，嘉靖、万历胡搞的那些年

篇八 爱卿对不起，朕的真爱是木匠工艺

篇九 大厦覆倾：朱由检有心翻盘无力回天的悲剧人生

篇一

不猛作就不会死，大元自坑那些奇葩事

声势上来了，气势也一定要搞上去。搞气势最简单、最直接的方法就是统一制服，比如黑西装宽墨镜黑手套之类的，但那时还没有这些东西，于是大家选择戴上了红头巾，因为红色是一种很厉害的颜色，不管多爱飙车的司机，看到它都得 stop。

……

……

大元，没想到你竟然如此有钱

公元 1271 年，元世祖忽必烈公布《建国号诏》，正式称帝。取《易经》中“大哉乾元”之意，定国号为“大元”。一年后，在刘秉忠的规划下，元帝国迁都大都（今北京市），从此，大都成了中国的政治经济文化中心。北方政局稳定后，忽必烈决定采用南宋叛徒刘整的建议，先拔襄阳，浮汉水入长江，夺取南宋。

公元 1276 年，临安城破，南宋最后一位太皇太后谢氏抱着 5 岁的宋恭帝赵㬎出城投降。有气节的大臣们开始流亡。

同年 5 月，文天祥和陈宜中、张世杰、陆秀夫等人在福州拥立益王赵昰为帝，改元景炎。

公元 1278 年，赵昰病死。次年，赵昺登基，成为宋朝的最后一位皇帝。

公元 1279 年，因为叛徒出卖，文天祥在海丰兵败被俘。忽必烈对他劝降，诱降，逼降，但他只求一死。

随即，张世杰所在战船沉没，陆秀夫眼见“靖康之耻”即将重演，背着刚满 8 岁的小皇帝赵昺跳海而亡。

南宋，在灭国之际，终于硬气了一把。

元朝，中国历史上第一个由少数民族建立的大一统帝国，正式诞生。

此时的蒙古帝国最大的特点就是特别有钱。

靠着骁勇彪悍的骑士军团，蒙古汉子不仅一路推平了西辽、金、宋，而且还分兵作战，马不停蹄地冲出了亚洲，走向了世界，在欧亚大陆上掀起了一股“最炫蒙古风”。大元帝国一时“春风得意马蹄疾”，没收住腿，一不小心就成了世界史上版图最大的国家。

然而，国家大了，问题相对就多了。铁木真这辈子没少娶妻生娃，孩儿们再开枝散叶，后代就更多了。元朝的皇帝对自己人也很大方，讲究雨露均沾，叔叔、兄弟家的孩子都分给地盘，分来分去，偌大的版图就被分成了很多个“国中国”。这些藩王表面上服从皇帝领导，实际上貌合神离，都想着有朝一日能坐一坐龙椅，这就为元朝后来的内乱埋下了伏笔。

元朝的大，了解历史的人都知道，但要说元朝有钱，可能很多人都要表示怀疑，因为一提到富有，大家首先想到的是唐、宋这两个在世界范围内立标杆的朝代，而元朝，因为在中国历史上的存在感低，往往被大家毫不客气地忽略了。

事实上，元朝也曾有过它的经济辉煌时期。

公元 1275 年，一个叫马可·波罗的驴友跟着他爸爸跨越半个地球来到中国，当时就被元朝的繁荣富饶惊呆了，在中国忘情玩耍了 17 年才恋恋不舍地回到自己的国家。不幸的是，这位小伙子一回国就卷入了战争，成了战俘，在狱中，因为无聊，他开始给狱友们讲述自己在中国的所见所闻，狱友们听得艳羡不已。

有位叫鲁斯蒂谦的狱友觉得，这么伟大、神秘的东方国度，这么离奇有趣的异国故事，必须把它记录下来，让自己国家孤陋寡闻的人们好好了解一下，于是就有了《马可·波罗游记》。

这本书的问世，对于当时闭塞的欧洲人来说，无异于振聋发聩，向欧洲人展示了全新的知识领域，拓宽了他们的视野。这本书，引发了西方人对东方的无尽向往，最后开启了整个欧洲的大航海时代。

其实对于商业运作，蒙古人有着一种来自基因的天赋，想当年他们在大草原挥舞套马杆的时候，除了酒肉、马匹和姑娘，要什么没什么，所以很多生活用品，都得靠着“酒肉、马匹、女人”去换。这种大背景下，蒙古人从娘胎里开始就跟中原汉人不一样，骨子里从来没有“士农工商”的概念，怎样能让自己活得快乐，他们就怎么来，想法相当简单粗暴。

在重商基因的加持下，忽必烈统一中原以后，就开始大力发展经济建设。在忽必烈统治时期，元朝的商业政策十分宽松，大家可以随心所欲地做买卖、摆地摊，只要不买卖违禁品，一切物品都可以进行交易。

相对来说，元朝的税率也很低。在元朝，商品只有交易成功以后才会征收税费，根本不存在运输税的说法，而且，皇帝直辖地的商业税一度降到了“六十税一”，也就是说，商人每赚 60 块钱，只需上缴给国家 1 块钱。

另一个促进元朝商业蓬勃发展的因素，就是它的“大”，其版图横跨欧亚大陆的好处便是：从欧洲经丝绸之路运货到北京，在那时候车马速度慢的情况下，只需 270 天左右，而且一路上各地方政府还会提供免费安保服务，这些便利条件极大地刺激了元朝国际贸易的发展。

北方丝绸之路为元朝带来了丰厚的经济利益，南方的海上贸易也同样带动着元朝的经济发展。在忽必烈时期，国家建设了很多外贸口岸，而且航海技术发达，商船能够一路远航到埃及、阿拉伯半岛等地。那时候，商船载回来的奇珍异宝琳琅满目，来中国做贸易的外商比比皆是。即便是与海上贸易空前繁荣的宋朝相比，元朝无论在贸易对象的数量上，还是贸易货物的种类上，都有过之而无不及。

元代商业繁荣的另一个重要标志便是纸币的普及。

其实纸币这东西，早在宋朝时期，汉人就玩过了，但并不是主流货币。到了忽必烈时期，随着外贸事业的蓬勃发展，出现了一个非常尴尬的问题——商人们进行大额交易的时候，钱搬不动啊！而且随身携带上百斤的金银，也不安全。毫无疑问，这对远洋贸易很不利。

怎么办呢？忽必烈从宋朝的历史中得到了启发，以白银为支撑，开启印钞机，发行纸币，史称中统元宝交钞。

然而问题随之就来了，老百姓不承认这东西，大家都觉得蒙古人在使坏，用一堆破纸就想套走大家手里的真金白银，因而非常不配合政府工作，逼得忽必烈只能放大招——禁止百姓用金属货币买卖商品；缴税时必须使用纸币。

商人、百姓被逼无奈，只能配合政府工作。然而没过多久，问题又来了。原因是蒙古人建立中原政权以后，有点耽于安逸了，不思进取了，逐渐减缓了对外扩张的步伐，使得金银珠宝的重要来路被断了，忽必烈统治期间各项税收又较轻，导致财政入不敷出，怎么办呢？

忽必烈大手一挥，再开印钞机！然而，市场上的商品数量基本没有变化，钱突然多了很多，后果可想而知——通货膨胀，物价以肉眼可见的速度蹭蹭上涨，全国人民天天怨声载道。

不过，这并没有使忽必烈退缩，作为一个在草原上驯服过烈马、射死过大雕的威武汉子，忽必烈的人生格言是：开弓没有回头箭，瞅准目标就是干！

秉承着这种“一回不到位，就再来一回”的原则，忽必烈开始了货币改革，更新了一套纸钞，史称“至元钞”。虽然“至元钞”后来也不可避免地出现了通货膨胀现象，但在忽必烈执政时期，这个情况还完全可控。纸币的流通，使元朝的商业活动更加如虎添翼，不仅是蒙古人、色目人，连部分金人、汉人也逐渐富裕了起来。不仅如此，元朝发行的纸币还一度在东南亚风靡，有点像以前“欧元”的感觉。

当然，作为中国历史上第一个少数民族大一统王朝的开国帝王，忽必烈绝不仅仅是一个帝国商业规划师那么简单，他在其他方面的表现也不俗。

民以食为天，农业必须搞起来

话说蒙古铁骑刚刚开始粗暴征伐的时候，他们的想法非常简单，就是抢地盘→种草→放羊→换钱→娶媳妇→生娃→娃抢地盘→种草→放羊……结果整个中国北方差点都让他们改造成牧场，准备全部拿来放羊。

就这么搞到窝阔台时期，一个在蒙古高层任职的契丹皇族后裔实在看不下去了，在儒家文化教育下长大的耶律楚材站出来吼了一嗓子：“你们忘了我祖太爷耶律阿保机的往事了吗？”

这句话如劈头盖脸的一盆冷水，令窝阔台瞬间清醒不少，从此以后，变耕为牧的事情逐渐减少，不过亡羊补牢为时已晚，北方的农业生产已经遭到了极大破坏。

作为第一个成功入主中原的少数民族帝王，忽必烈比耶律阿保机、比他的先辈高明之处就在于，他及时、清醒地认识到，要想让汉人们服从他的统治，搞游牧民族风是绝对不行的。

所以忽必烈别出心裁地搞了个“一国三制”，即，在金国故地继续实行金朝制度，在南宋故地继续实行南宋制度，而漠北、漠南一带，则继续沿袭蒙古制度。当然，这种改革只是一个过渡，任何重大变化都需要一个过渡和适应，否则步子迈太大，容易狠狠劈了胯。

在政局逐渐稳定以后，忽必烈开始着手汉化，在国家管理、官员设置方面，都开始效仿汉人制度，他还鼓励手持套马杆的汉子们学习汉文化，奉劝大家不要只知道放羊和生娃。

入主中原以后，见了大世面的忽必烈终于知道了农业的重要性，因而喊出了一个非常嘹亮的口号：农桑为急务！

当然，忽必烈不是一个只会喊口号的人，他是个不折不扣的行动派，为了使战略落地，他特意制定了几个非常有建设性的方案：

1. 设立劝农司。前面说过，蒙古人南下初期，杀人放火还搞全民牧场，搞得中原百姓种地的积极性急剧下降，为了拯救即将到来的粮食危机，忽必烈专门委派官员深入到人民群众中去，不是去慰问贫困户，而是去向他们宣传政府最新政策——生活怎样才能富足？多生孩子搞农务！

2. 采取激励措施。当然，空口白牙喊口号是没人信的，要想政策能落地，激励手段要补齐。忽必烈为了鼓励大家积极种地，规定：谁开荒地归谁，这块地还减农业税！另外，忽必烈还将农业与政绩挂钩，将官员辖地的农耕面积和农户数量增长幅度，列为年终工作考核的重要内容。

3. 开展技术指导。古时候很多人种地，就看老天心情好不好，心情好时就五谷丰登，心情不好时就颗粒无收。现在我们知道了，种地不仅要看天意，还要看技术，技术到位，天意可违！

忽必烈当时以其长远的眼光发现了这一点，于是让专家整合了前人的种地经验，编辑出版了一本种地技术指导手册——《农桑辑要》，又让各地官员招揽技术人才，亲临地头进行专业指导。另外，他还大举兴修水利，力图将天意影响降到最低。

4. 大力提倡种植棉花。蒙古人在草原上驰骋的时候，估计很少见棉花这种东西，他们虽然穿着原生态皮毛一体，但太难洗了！忽必烈入主中原以后惊奇地发现，还是纯棉的衣服好啊，又保暖又舒适，款式还好看，于是积极鼓励大家种植棉花。

正巧，当时有个叫黄道婆的阿姨从海南岛返乡，带回了一整套先进的纺织技术，于是在官方鼓励、技术人才倾囊相授的双重加持下，纺织业也蓬勃发展起来。

就这样，经过 20 余年的努力，忽必烈把被战乱摧残得一塌糊涂的农业恢复得相当不错，人民群众搞种植的积极性很高，形势看起来一片大好。

但是，凡事就怕但是，正是这个看起来无伤大雅的“但是”二字，使元朝的未来发展掉进了化粪池。

帝国埋雷者，居然就是忽必烈

忽必烈虽然入主中原，但他始终是一个土生土长的蒙古人，他的皇权始终代表的是蒙古贵族的利益，这使得他在进行改革时，会下意识地为蒙古人争取最大权益。这也可以理解，毕竟他的皇位与蒙古人的支持实实在在地挂钩在一起，如果他不这样做，他这个皇帝就会很难做。

然而，这也成为忽必烈实施改革时的致命缺陷，忽必烈是一个复杂的矛盾体，他既不想成为传统的蒙古大汗，也无法做到包容天下、英明神武。在他身上，保守和创新兼而有之，有时互融，有时对立。正是因为这一点，使他没有成为公认的圣主明君，而只是一个有些雄才大略的征服者。

为了确保蒙古民族利益最大化，忽必烈坚定不移地推行民族等级政策，坚持民族压迫，将人口最多的汉族列为最下等民。无论在政治还是法律上，汉族人的待遇都要被蒙古人、色目人，甚至金人甩出好几条街。

比如，汉族人犯错，追究刑事责任要比其他民族人重得多，汉族人高考，难度也要比其他民族高。还有更苛刻的规定——等级越低，交税越多。

元政府每年的花销非常大，比如蒙古贵族免税，而且政府赏赐不断；元朝经常搞对外战争，还经常失败，连当时小小的日本和越南都打不过。这些巨大的财政支出，主要就靠剥削金人和汉人而来，尤其是汉人。

汉族人虽然天性善良，脾气温和，讲究“君子动口不动手”，骨子里服从意识强，但要是不给他们活路，老实人发起怒来就非常可怕了。所以忽必烈此举，等于早早就给元朝的崩塌埋下了一颗大雷。

其实早在 1283 至 1289 年间，赋税最重的江南地区，大大小小的农民起义就发生了 400 多起，面对一波接一波的民间暴动，忽必烈也曾反思自己，也曾想大力改革，但他始终无法摆脱游牧民族特色。

元朝的另一个致命伤就是集权与分封并存，这种制度最大的缺陷就是会极大地削弱皇权，因而皇帝不能对国家各个领域做到强力管控，这都是忽必烈遗留下来的历史问题。

晚年的忽必烈是非常孤独而痛苦的，他的爱妻、他最钟爱的女人察必永远地离开了他。察必是个不可多得的好女人，她是李世民的崇拜者，她希望自己的丈夫可以成为李世民那样的男人，用仁爱和平等去驾驭天下，而不是一味倚仗武力和杀伐。忽必烈早期的英明决策，可以说受妻子的影响很大。她的离去使忽必烈遭到了巨大打击，这个威武的汉子从此开始日益萎靡。

没过多久，忽必烈最宠爱的儿子、他指定的王朝接班人真金也永远地离开了他，这让还没走出丧妻之痛的忽必烈内心彻底崩塌了，他开始放纵自己，身体每况愈下。

公元1294年，大元帝国的真正创始人忽必烈，永远离开了这个让他既兴奋又无奈的世界，按照蒙古贵族的下葬习惯，没有人知道他死后藏身何处，人们只记得一个试图适应汉族文化的蒙古帝王，在他80年的人生里，留给世界的贡献和磨难。

武仁授受，只是大元内乱的开始

忽必烈一死，元朝就乱了，有多乱呢？元朝国运总共98年，忽必烈建元后在位24年，末位皇帝元顺帝在位36年，掐头去尾剩下的38年，皇帝足足有10个之多！这是什么概念？平均3.8年换一届。

那么，是因为蒙古人入主中原以后，不适应中原饮食和气候，导致皇帝们体弱多病，纷纷英年早逝吗？非也。元朝皇帝换得勤，主要是因为谋权篡位搞得频。

中国的大一统王朝，包括后来同样由少数民族建立的大一统王朝清朝，国运基本都能维持在三四百年，其中很重要的一个原因，就是他们都在遵守一个规矩：父传子，家天下——老子没了，儿子接班，儿子没了，孙子顶上。

这种君主世袭制在今天看来缺陷很大，但在古时候，它能在很大程度上保障中央集权，维持皇室统治的稳定，虽然偶尔也会有人蹦出来，篡个位，造个反，但整体上大家都把规矩看得很重。而那些不守规矩的人，就会被视为乱臣贼子，被定性为大逆不道，得不到群众和舆论的支持，文武百官群起而攻之，很难成事。所以如果不是权欲熏心或者逼不得已，没有人愿意去破坏这个规矩。

但蒙古人始终觉得自己的推举制才是最科学、最先进的，他们在草原的时候，如果大汗死了，家庭成员就会坐下来一起开个会，通过少数服从多数的方式选出一个最厉害的人，他就是共举的下一任大汗。

忽必烈入主中原以后，虽然也效仿中原开始指定接班人，但蒙古人只学了个形式，没有领悟到精神，大家骨子里还是认为谁最厉害谁就应该是大汗。我们知道，人是有这样一种特性的，就是总觉得自己很厉害，也可以称为“迷之自信”，所以每当有新皇帝继位，大家都会对老皇帝指定的继承人表示不服，都认为自己才是整个大元最厉害的人。为了确认这一点，家族成员抄起家伙就和新皇帝开战。

给大家简单捋一捋。

忽必烈指定真金为接班人，可是白发人送了黑发人，于是当时元朝最厉害的两个皇孙甘麻剌和铁穆耳开始争夺汗位，最后他们偏心的老妈阔阔真一锤定音，确定铁穆耳为皇位继承人，即元成宗。

元成宗是除忽必烈和元顺帝之外，在位时间最长的元朝皇帝，做了13年皇帝，除了窥觑人家“八百媳妇”（今泰国西北部）反被揍这个污点，一生无大过也无大功，但他同样白发人送黑发人，后继无人，元朝从他以后就开始了一波接一波的内部大火拼。

元成宗死后，国政暂时由他老婆卜鲁罕皇后把持，卜鲁罕皇后比较看好西王阿难答，决定暗中操作，迎他回朝继位。

对此，中书右丞相哈剌哈孙表示坚决不同意，他强调：成宗皇帝虽然亲儿子都没了，但他还有亲侄子啊，仅嫡出的就三个！不算年纪尚幼的也孙铁木儿，还有年龄合适的海山、爱育黎拔力八达兄弟呢！

然而，卜鲁罕皇后表示：不需要你来管这件事！

哈剌哈孙眼见皇后一意孤行，于是也搞起了暗中操作，悄悄派人北上漠北去迎接海山，又派人南下怀州迎接爱育黎拔力八达。

怀州，就是今天的河南焦作、济源一带，与漠北相比，距离中都更近，所以爱育黎拔力八达先哥哥海山一步到达中都，并在哈剌哈孙的辅助下以迅雷不及掩耳之势发动政变，囚禁了堂叔阿难答和三婶卜鲁罕，成为元朝代理执政者，而他哥哥海山带着 3 万大军才走到外蒙古的哈拉和林。

按理说，爱育黎拔力八达此时是能够直接登上皇位的，他的妈妈也想让他登基，还利用星象说，说自己的大儿子不适合当皇帝。但爱育黎拔力八达没有被胜利冲昏头脑，他知道自己此时不是哥哥的对手。

他哥哥海山，18 岁出镇漠北，手中长期握有军队，食邑瑞州六万五千户，朝中哥们朋友一大堆，简而言之，就是有钱有兵有贵人还有地位。

而他自己呢？20 岁被外放到怀州，要钱没钱，要兵没兵，当然也没有办法立功，朝中也没什么很厉害的好朋友。他妈妈是偏心他这个幺儿，但没用！爱育黎拔力八达当时唯一可以做的，就是及时进京发动政变，稳定了局势，没有血流成河，这是大功一件。

但是，他发动政变的理由是什么？是因为堂叔阿难答并非真金太子嫡系后裔，继承大统名不正言不顺，现在哥哥在前，爱育黎拔力八达如果自行登基，同样名不正言不顺。况且，哥哥非常霸气地吼了一嗓子："我就算当一天皇帝，如果我干得好，同样可以名垂青史！"态度非常明确：我就要当皇帝，你们酌量着办吧！

酌量着办？还能怎么办？就目前的实力来说，爱育黎拔力八达和哥哥海山完全不在一个级别上。

至于那个辅助自己政变，现在在朝中主政的哈剌哈孙，完全就是个耿直男，他的眼里只有正统，只要是真金的子孙，谁当皇帝都行。

可以说，就当时的形势而言，天时人和都在海山这边，只占地利的爱育黎拔力八达母子根本掀不起多大浪花，就算他孤注一掷强行登基，也只有被哥哥碾压的份儿。

所以爱育黎拔力八达非常识时务地表示：哥，你快回来，你快回来，大元的江山在等你主宰。

接着，他再三表明：我以太子身份监国，临朝摄政，是情势所迫，是为预防不测，哥哥，我是替你看守龙椅呢！可不曾有过半点非分之想！

"再三"表明，我以"太子身份"监国……重要的事情说三遍。

不久，海山率兵来到北京城，母子三人母慈子孝、兄友弟恭了一番，海山随即继位，是为元武宗。元武宗对弟弟也不吝啬，果真让爱育黎拔力八达做了太子，兄弟俩约定，以后皇位兄传弟、叔传侄，皇位轮流坐，史称"武仁授受"。

海山在皇位上坐了4年，并没有像自己所说的那样名垂青史、千古流芳，只是个还算及格的守成之君。像大多数家庭中的老大一样，海山比较实在，驾崩前按照约定将皇位传给了自己的弟弟爱育黎拔力八达，爱育黎拔力八达就是元仁宗。

元仁宗跟大多数家庭中的老幺一样，心眼比较多，他上位之后明升暗降把海山的大儿子和世㻋封为周王，远放到云南，为自己的儿子登基扫清了道路。海山的小儿子图帖睦尔因为年纪小没有被收拾，不过仁宗的儿子英宗继位后也把他远放到了海南。

但是，元仁宗机关算尽太聪明，反误了儿子性命。

亲情已喂狗，元朝各“宗”大乱斗

元仁宗在皇位上坐了 10 年，崩了，他的儿子元英宗硕德八剌顺利继位。

硕德八剌是个有志向的小伙，立志要挽救江河日下的帝国，他亲政后随即大刀阔斧进行改革，各项政策甫一推行便收到了良好效果，使原本不断滑坡的国势大有起色，史称“至治改革”。如果老天有好生之德，给硕德八剌多些时间继续操作，这位帝王以中兴之名被载入史册也不是不可能的。

然而，改革必然会得罪既得利益者，这就让蒙古保守贵族非常不满了，他们要搞大动作！

公元 1323 年八月初四，硕德八剌像往年一样结束避暑生活，从内蒙古启程返京，途经内蒙古境内的南坡时，遭遇了蒙古守旧派的伏击，史称“南坡之变”。硕德八剌在政变中被杀，享年 21 岁，在位 4 年。此时距离他着手改革还不到半年时间。

硕德八剌遇害后，保守派携玉玺北上，拥戴他的堂叔晋王也孙铁木儿为帝，是为泰定帝。

也孙铁木儿在皇位上不咸不淡地待了5年，在内蒙古巡查期间突然驾崩，登基当年已指定由他时年3岁的儿子阿速吉八接班。然而随行的权相倒剌沙为了方便自己长期掌权，竟然迟迟不肯扶新君继位，并趁王朝无主的间隙，在暗地里干着铲除异己的勾当。倒剌沙此举引起群臣的猜疑和忧惧，也为别有用心者提供了搞事的良机。

武宗海山的旧臣燕帖木儿等人以“履行当年约定，拥立武宗之子”为口号，在大都发动政变，控制大都城，随即派人去荆州迎接海山的小儿子图帖睦尔回来登基。

图帖睦尔进京后，明确表示，长幼有序，自己不能乱正统，应等哥哥回来继位。燕帖木儿以“人心向背，间不容发”为由再三劝说，图帖睦尔迫于形势只好“无奈”登基，史称元文宗。

消息传到内蒙古，上都方面才开始行动起来，感到大事不妙的倒剌沙火速拥立阿速吉八即位，是为元天顺帝。随即，两都之战爆发。

在这场战争中，燕帖木儿不知为何突然超常发挥，愣是把处于劣势的大都政权推上了胜利者的舞台，8岁的天顺帝阿速吉八只当了42天皇帝，就被堂哥图帖睦尔踢下了皇位，从此下落不明。

获胜后，图帖睦尔正式遣使去迎接哥哥和世㻋，一再表示自己只是帮哥哥看守皇位，现在局势已定，必须退位让贤。但真实的想法却是希望哥哥能够固拒。然而和世㻋这家伙很不识趣，欣然接受了弟弟的好意，于公元1329年在故都哈拉和林迫不及待地登基为帝，史称元明宗。

和世㻋登基以后迅速进入状态，还在赶往大都的路上，便开始摆谱，不仅册封图帖睦尔为皇太子，还将他和燕帖木儿的心腹一一罢黜，又将自己的大量亲信安插进各省、台、院。

当年八月初一，和世㻋一行抵达河北张北地区，次日，兄弟俩久别重逢，相拥而泣，在燕帖木儿的见证下，相约效仿父叔，皇位兄传弟，叔传侄，皇位还是轮流坐。4天后，和世㻋突然不明原因暴毙，享位8个月，连大都都没有踏进一步，死得稀里糊涂，死得死无对证。

随后，身为皇太子的图帖睦尔没有留下来处理哥哥的后事，而是一路护卫森严马不停蹄地赶回大都，火速复位。

君臣二人皆大欢喜。

然而，图帖睦尔把哥哥的皇位抢走后，他也没有快乐很久，他的儿子们不知为何连续夭折，迷信的元文宗认为这一定是哥哥嫂子的魂魄，前来复仇，于是决定将皇位还给哥哥的儿子。

公元1332年，年仅28岁的图帖睦尔充满愧疚与恐惧的心脏终于停止了跳动，临死前再三叮嘱老婆，一定要把皇位还给哥哥的儿子。

燕帖木儿这时又站了出来，坚决表示不同意，这是意料之中的事。和世㻋之死他很有可能是合谋，现在让和世㻋的儿子继位，将来还能有他的位置吗？但他拗不过同样迷信的皇后，最后各让一步，立和世㻋年仅7岁的小儿子懿璘质班为帝，是为元宁宗。

7岁小孩做皇帝，只能当傀儡，朝中大事由燕帖木儿做主，后宫大事由婶婶皇太后全面接管，小皇帝元宁宗就是摆在皇位上的一个吉祥物。

皇太后婶婶还从娘家找了一个与元宁宗同龄的小女孩，也没征求宁宗意见，就让她做了元宁宗的皇后。7岁皇帝与7岁皇后，两个一年级小朋友，他们可能还觉得这是过家家呢！

懿璘质班也是相当郁闷：我才7岁就已经成家了！

然而还没等到这对青梅竹马、两小无猜的夫妻培养出感情，仅登基53天的元宁宗小朋友就和爸爸妈妈团聚去了，史称病死，大家半信半疑。

宁宗小朋友死后，他那位迷信的皇太后婶婶不顾燕帖木儿强烈反对，迎立和世㻋13岁的庶子妥懽帖睦尔登基，这就是大名鼎鼎的元朝末代皇帝元顺帝。

此时的元朝，已经行将就木，即将退出中原。

而宁宗小朋友那个可怜的小媳妇，则从7岁开始守活寡，整整守了36年，死后被配享太庙，永久陪伴自己早逝的小丈夫。

看过元朝中期各“宗”大乱斗，是不是觉得一个字：乱；两个字：真乱！一家人你方唱罢我登场，谁做皇帝真是不确定啊。不过，乱的可不止这些。

全面崩盘，有时就是这么简单

在元朝，几乎所有的皇帝上台后都在忙着做两件事：第一件事，保命；第二件事，宫斗，哪里有心思和精力治理国家？再者，一朝天子一朝臣，三五六年一拨人，各有各的想法，所以不管政策的好坏，几乎没有一个政策能够有效地被执行，因为皇帝比政策下台的还快。因此从忽必烈之后，这个国家基本就没有大的发展了。

没有发展也罢，能按部就班地守成也行，偏偏孛儿只斤家这帮熊孩子个个野心大，每天只知道打架，打架烧钱是理所当然的事情。除此之外，元朝还有个非常好的文化：不论哪位老大上位，上位后就给王公贵族们封赏，还是大赏特赏。

之前曾提及，忽必烈死后，元朝38年连换10个皇帝，没工夫发展国民经济积攒国家财富不说，还要不断从国库里掏钱发大红包，所以每个皇帝一上位，都瞬间感觉自己被掏空。被掏空了怎么办呢？

面对这个尴尬的问题，元朝皇帝们的做法相当简单粗暴。

方法一：收税！

巧立名目增加税收，各个行业各种税金以肉眼可见的速度飞天式上涨，到元朝末期，盐税增长了20多倍，茶税增长了240多倍。

如此一来，忽必烈时期努力开创的“大经商”局面就完全不复存在了，商人们辛辛苦苦工作一整年，年终结算时发现自己非但没有财源广进，反而倒贴了政府很多钱，这买卖没法干了！大家把算盘一摔，说：走，回家种地去！

这时元政府站出来表示：种地？你们想太多了！

事实是，当时的农民比商人还要惨，政府税重，商人必然会将商品提价，将损失转嫁到消费者身上，于是穷人们连生活必需品都买不起了。

如果只是这样，农民们也还能忍，毕竟中国的农民兄弟一直都很和蔼可亲，不喜欢多生事端。但是，元朝统治者们却得寸进尺，商业税不够，农业税来凑，而且农业税还实行双轨制——蒙古王公贵族及各民族官员占有大片土地，可他们完全不用交税，如此一来，既定的税收额就只能分摊到农民，尤其是自耕农和小地主身上了。有些人交不起税，就只能向贵族和官员们借贷，结果惨遭套路贷，利滚利压得自己完全没有偿还之力，最后只能眼睁睁地看着自己的土地被抢走。

所以到了元朝末年，土地兼并非常严重，贫富差距越拉越大。

除此之外，元朝还有一个对蒙古族公务员来说非常好的福利——赐田。皇上遇到喜事，随手拿御笔在地图上一圈，下道诏书，这块地就归蒙古人了。元朝皇帝换得勤，土地几乎都被赐给了自己人，这还能忍？

方法二：开启印钞机！

钱还不够怎么办？让印钞机加班加点铆劲干！结果就是急速的通货膨胀，物价连年暴涨，老百姓的生活更是雪上加霜。

这时老天成了压倒元朝的最后一根稻草，连年天灾肆虐，百姓饿殍遍野。这种情况下，元政府也决定为自己的天下做点事情，于是征集15万人修治黄河。这在古代是个浩大的工程，必须要有雄厚的财政做支撑，可是钱从哪来呢？——开启印钞机。

建筑材料供货商和农民工们望着手里白花花的钞票，眼泪瞬间就下来了……

其实从根源上看，元朝一切的乱归根结底，还是皇帝乱。用现代管理理念来解释，更容易理解：

1. 组织管理体系不完善，谁当老大，怎么当老大，没有形成明确的制度。

2. 没有合理清晰、职权明确的组织架构，最高决策者下放了过多权利，而执行层僭越了决策层的权利，因而产生领导者被架空，决策无法被有效执行等一系列负面反应。

所以，元朝在短时间内就搞得天下大乱，也就不难理解了。

不过元朝还是很特别，其他朝代都是最后100年才搞得民不聊生，历史舞台上最狠的角色——农民起义军才被逼出来，但元朝从始至终总共还不到100年，所以农民兄弟们紧迫感非常强，从元朝一开局就开始搞起义，要不都没时间刷存在感了。

就是在这种政局一片凌乱，国民纷纷揭竿的情况下，少年元顺帝颤巍巍地坐上了皇位。

脱脱托铁锅，难道大元有救了

元顺帝妥懽帖睦尔这辈子，用“意外和惊喜，永远不知道哪个先来”来表述，恐怕再恰当不过了。

妥懽帖睦尔生于公元 1320 年 5 月 25 日，他这个名字在蒙古语中非常有讲究，是“铁锅”的意思，似乎他爹早有预感，他就是为了给整个元朝背锅来的。

铁锅 9 岁那年，他那个被流放边陲的爸爸和世子突然当上了皇帝，铁锅当年肯定是惊喜万分，瞬间从落魄王孙变成了当朝皇子，身份突然拔高好几层，可还没等他的兴奋劲过去呢，他爹就龙驭宾天了，据说是被他叔叔伙同朝中重臣毒死的，这可就太意外了，剧情跟坐过山车似的。

理所当然地，铁锅成了政治斗争的牺牲品，先是被流放到高丽，后来又辗转到广西，正当他对人生无比绝望的时候，惊喜又来了！

短短几年时间，他风华正茂的叔叔和天真烂漫的弟弟先后去了，皇位空虚，他或许没有太多奢望，但他那位迷信的婶婶举起皇位劈头盖脸就砸了下来……

铁锅当皇帝那年只有 13 岁，并且在朝中无亲无友，无助无援，面对错综复杂的局势，小小年纪的他不得不变得早熟，学会隐忍和妥协。比如，答应婶婶日后传位给她的儿子，又比如重用嚣张跋扈的伯颜，元朝由此进入伯颜专权时代，而铁锅本人则宅在深宫里，装出一副很乖、很听话的样子。

伯颜虽然是个权臣，但也不完全是个奸臣，他对元朝还是有所贡献的，比如，努力减少宫廷支出，尽量减轻赋役税收，设法增加对各地的赈济，他甚至想通过自己的努力，重现忽必烈时期的盛世。但是，他对汉人有着根深蒂固的民族仇视，他不仅禁止汉人参政，取消科举制度，禁止汉人学习蒙古语、色目语，为了弥补国库的巨大亏空，还加大对汉人的搜刮，简直不给汉人活路。

正所谓哪里有压迫，哪里就有反抗。公元1337年，广东人朱光卿、河南人胡闰儿相继扯起造反的大旗，一瞬间风起云涌，长期受压迫的汉人们纷纷呼应，元朝多个州县被迅速占领。虽然最终在蒙古铁骑的疯狂围剿之下，起义失败，朱光卿、胡闰儿相继兵败被害，但反抗者带来的强大冲击波还是吓坏了元朝统治者，让他们不得不重新审视现行的对汉政策。

然而，伯颜的脑回路跟正常人完全不同，他没有反省自己的错误，采取缓和民族矛盾的措施，而是更进一步施行高压政策、对汉人进行变态的压制，禁止汉人拥有武器和马匹，连农民用的爬犁都成了“管制刀具”。

更不可思议的是，为了彻底消除汉人反抗的隐患，伯颜疯狂地表示：应该杀光张王赵李刘五姓汉人，只要把人口最多的这五个姓氏的人全部清洗掉，谁还敢反抗！就算他们敢反抗，能有足够的人吗？

幸好，这时的铁锅虽然是个傀儡，但他并不是个疯子，也不是脑子不够用，他当然清楚这个疯狂提议的后果有多么可怕，他第一次行使君主之权，毅然决然地否定了伯颜的主张。

大概从这个时候起，铁锅下定了除掉伯颜的决心，因为这个人太疯狂、太可怕，也太残酷了，留着他，自己的结局难以设想啊！

于是铁锅开始在暗中寻觅伙伴，还真让他找到一个，而且这个人不是别人，正是伯颜的亲侄子。

伯颜的这个侄子名字也很特别，叫脱脱。

时光在施谋设计中慢慢流转，有一天，伯颜约铁锅去打猎，铁锅说：我病了，去不了。

等伯颜带着弓箭和人马恶意满满地出发以后，铁锅和脱脱立即关上大门发动政变。在这次政变中，铁锅运筹帷幄，杀伐果断，铁血作风，霹雳手段，将伯颜一撸到底，充分展现了他的帝王之才。撸掉伯颜后，铁锅趁热打铁，对他叔叔留下的旧势力加以整肃，比如，将他婶婶从宫中请出去，给她换一个居住地，削弱她的影响力。至此，铁锅终于将君权真正握在了手中。

脱脱在政变中同样表现优异，顺理成章地接替自己的叔叔伯颜，成为铁锅朝的顶梁柱。脱脱一上台就推出了一堆很厉害的改革措施，如恢复科举、减免赋税、整顿吏治、严惩贪污等等，史称“脱脱更化”。

19 岁的铁锅和 20 多岁的脱脱，两个血气方刚的年轻人，在这段时期大力推行新政，锐意改革，居然让苟延残喘的元朝慢慢回血了。

然而，大概是元朝气数已尽，说好的元朝 98 年，就是 98 年，多一年都不合适。就在形势一片向好的时候，脱脱病了，而且病得很重，接连 17 次向铁锅递交辞职信，铁锅最后表示同意。

脱脱虽然离场，但铁锅并没有失去进取之心，此后的 5 年，他依然在向着圣主明君的方向孜孜不倦地努力着，如果老天见怜，铁锅也许能将局面扭转，但老天说好了 98 年，于是，黄河又决堤了！

这时候，一首民谣回响在黄河流域……

石人一只眼，挑动黄河天下反

黄河决堤，生灵涂炭，作为天下之主的铁锅不能不管。在古代，面对这种天灾，官方采取的措施不外乎两种——一是抗灾，二是赈灾。铁锅也是这么做的。

不过铁锅还是犹豫了一下，不是他不想对抗天灾，实在是没钱啊！他想众筹，可官员们都说没钱，从老百姓那里筹钱就不用想了，老百姓是真没钱。没办法，只能开启印钞机，印出越印越不值钱的钱。这些钱还被基层的小官吏们层层盘剥，等到钱、粮发到老百姓和抗灾一线的民工手里时，大家都愤怒了。

前面提及，元朝的农民起义军是历史上最勤劳的一届，他们从大元入主中原就开始不断的反抗，但之前都是小打小闹、各自为战，类似于聚众闹事，因此很快就被镇压下去了。但到了铁锅的时代，汉人们已经积压了近百年的怨怒之气，星星之火“呼啦”一下就燎原了，遍地开花。

故事是这样的：

河北有个农民叫韩山童，他是个有信仰的人，他信奉的宗教叫“白莲教”，不管田间地头还是茶余饭后，韩山童一直在孜孜不倦地传教。他宣称，弥勒佛即将转世为明王，带领大家驱除黑暗，迎接光明。那时候的百姓很朴实、很天真，很多人都相信了韩山童的说辞，大家眼巴巴地等着弥勒佛降世。

安徽有个富二代叫刘福通，他家养了个宠物，是一头白鹿，被当地官员看中了，索要未成，就假公济私，以修河改河道为名，把老刘家祖宅强拆了，更过分的是，官方还没给拆迁款。刘福通从此发誓与元朝不共戴天，一直寻找机会造反。

这天，韩山童与刘福通相遇了，两个人越聊越投机，两个人趁着酒劲合计该如何造反。

没多久，黄河白茅堤决堤了，元政府本来是要抗灾，结果生生把天灾搞成了人灾，底层劳动人民怨声载道，怒气冲天。韩山童、刘福通觉得机会来了，立刻通知隐藏在民工中的信徒，让大家传唱："石人一只眼，挑动黄河天下反……"

河堤上的民工大多数都没念过书，也不完全明白这帮人唱的到底是什么，只当他们是发癔症，继续一边骂人一边干活。突然有一天，一群工人呼哧呼哧地从河底挖出一具石人，而且这石人只有一只眼睛！大家突然想起那群神叨叨的人说的那些神神叨叨的话……

瞬间群情沸腾了，大家说这是老天给的暗示啊，天意要我们做大事！这时韩山童、刘福通站了出来，说老韩就是转世明王，而且是宋朝皇族后裔，是上天派来带领大家推翻元朝残暴统治，共同致富奔小康的。

在"天命"的指引下，韩山童迅速拉起一支3000余人的队伍，在颍州地区建立政权，"反元复宋"的大旗就在这漏洞百出的谎言中树了起来。

然而，不知是谁走漏了风声，韩山童这厢还没有准备好，造反的消息就已经被传开。元政府反应迅速，火速派兵围剿，韩山童兵败被俘，"转世明王"，"第一任明教教主"，就这样出师未捷身先死了。

韩山童死后，他未成年的儿子韩林儿随母逃走，“大宋”将领刘福通带领残部继续造反，并遥尊韩林儿为“小明王”。

刘福通比韩山童幸运很多，他收编的那支残部竟然几次成功反围剿，震惊了元朝统治者，也震撼了天下百姓，于是大家纷纷加入起义队伍，声势浩大了起来。

声势上来了，气势也一定要搞上去，搞气势最简单、最直接的方法就是统一制服，比如黑西装宽墨镜黑手套之类的，但那时还没有这些东西，于是大家选择戴上了红头巾。

戴上红头巾后效果果真非常好，全国人民都被这个红色给惊艳到了，纷纷效仿。一霎时，神州遍地战鼓喧天，红巾招展人山人海。这就是中国历史上很厉害的一支农民起义队伍——红巾军。

需要说明的是，红巾军虽然是韩山童、刘福通最先建立起来的，但全天下的红巾军并不是一个统一的组织，大家只是打着同一个旗号，实际上各行其事，各自为战。

比如，徐寿辉、彭莹玉（彭和尚）在湖北蕲春、黄冈起义，也借红巾军之名，称为南方红巾军，陈友谅就在这支队伍中。此外，还有在徐州起兵的芝麻李，在河南活动的布王三，在湖北活动的孟海马。不过这些人都没能成气候，起义不久就前仆后继地被元军镇压。

除红巾军之外，还有其他一些起义队伍，比较著名的是浙东的方国珍和江苏的张士诚。这两个人属于“骑墙党”，刚起义的时候都和刘福通称兄道弟，帮他牵制元朝兵力，结果却在生死和利益面前瞬间反水，调转刀头开始屠杀自己人。

却说刘福通这支红巾军的濠州分舵，有一天来了一个长相很尴尬的年轻人，他来这里只是为了混口饭吃。当时在他的意识中，谁能让他吃饱饭，谁就是他的大恩人，只要给饭吃，他就愿意帮人拼命，所以他打仗很拼命。红巾军濠州分舵舵主郭子兴觉得他有猛将的潜质啊，于是破格提拔他为左膀右臂，还把如花似玉的干女儿嫁给了他。

瞬间转运，飞上枝头后，他觉得自己之前的名字完全配不上自己现在高贵的身份，于是给自己改了名字，叫朱元璋。名字刚改完，神州大地雷声滚滚，五湖四海风起云涌，濠州城到处弥漫着一种叫“王气”的东西。

绝望者的变异，只在一瞬间

与濠州远隔千里的大都城中，铁锅突然打了一个哆嗦，事实证明，男人打哆嗦不一定是感应到了什么，他很有可能是想如厕。

铁锅心神恍惚地走进厕所，他觉得自己太难了，祖宗给自己留下如此破烂的一个江山，自己已经竭尽全力去扭转局面，可为什么越扭越乱？还有那群不可理喻的暴民，黄河泛滥，那是天降灾祸，能怪我吗？我都这么穷了，还加印大把大把的钞票去救济你们，你们怎么能够以怨报德呢？

此时的神州大地烽烟四起，造反的民众铺天盖地，政府派出的镇压部队屡遭败绩，铁锅抓破头皮也没想出解决之法。铁锅为难之际又想到了脱脱。

至正九年（公元 1349 年）闰七月，脱脱再次被起用为相，不过他所面对的已经是一个被天灾和人祸摧残得不成样子的国家了，而他所能做的，只是尽力去当好一个“救火队长”。

至正十二年（公元 1352 年）八月，脱脱亲率大军征徐州，用时一月，除掉芝麻李，随即联合各地地主武装对北、南、西各部红巾军进行疯狂镇压，使各路红巾军被迫转入秘密活动。脱脱一时风头无两，功盖天下，但也因此功高盖主，引起铁锅猜忌。昔日锐意图治的伙伴渐渐相互失去信任。

至正十四年（公元 1354 年）九月，脱脱率百万大军攻高邮，张士诚被围得如铁桶一般，叫天天不灵，呼地地不应，悔得肠子青，连连自扇嘴巴怪自己惹是生非。最惨的是，他想投降都不行，脱脱是铁了心要杀死他，杀鸡儆猴，在江南树威示警。

正在这万分紧急的时刻，铁锅听信佞臣谗言，一纸诏书把脱脱就地解职，押往吐蕃。铁锅临阵易将，高邮城下百万元军乱作一团，不战自溃。张士诚不仅濒死复生，还趁机收编了不少元朝散兵游勇。

至正十五年（公元 1356 年）十二月初八，脱脱被毒死于云南贬所，享年 42 岁。

脱脱死后，元王朝彻底滑向深渊，再无转机。面对千疮百孔的江山，铁锅自感无力回天，他彻底放弃了努力，与自己的王朝一起迈向沉沦。

作为这个腐朽国家的君主，铁锅除自己堕落外，还拉着太子跟他一起堕落。

铁锅还迷上了木工，并自学成才，其手艺甚至达到了震惊古今的地步。《元史》记载，铁锅曾亲自设计并操刀制做了一个计时器，也就是古人所说的漏壶。这个漏壶高六尺有余，宽四尺左右，上面设有三圣殿、日月宫、小仙女、彩虹桥、雄狮鸾凤、金甲神将等各种小物件，每到整点时辰，在水力操控下，一派金将撞钟，神仙飞升，狮凤齐舞的画面，妙不可言。

除此之外，铁锅还做了一个别出心裁的设计——每到午夜 11 点，日宫和月宫门前侍立的小仙女就会自动渡桥进入三圣殿。

在铁锅不务正业，发展个人爱好的同时，中原大地上，朱元璋正在慢慢雄起。

篇二

不要怨你爸爸没钱，朕开局就一个破碗

傅友德表示：兄弟，借一步说话。然后偷偷告诉王弼，这是哥花大价钱专门请来的文盲聋哑一体化服务生，好看没有用，安全才是第一！贤弟，我劝你也赶紧去劳务市场请一个，现在这类人才稀缺紧俏，去晚了你根本请不到！

然而，傅友德小心翼翼到了这步田地，依然没能躲过朱元璋的惦记。

……

……

想要戴上皇冠，必先承受皇冠之重

朱元璋，本名朱八八（重八）。

不是朱爸爸不着调，拿孩子的名字当玩笑，因为在元朝，如果你是汉人，而且你又不当官，你就没有名字权。所以那时候大家都叫朱重八、张九四、胡八万、伍六一什么的。

如果做个对比，朱元璋在中国所有开国皇帝中，出身可以说是最低的。

在坊间，不明真相的群众经常把刘邦和朱元璋放在一起，但刘邦的家底说出来能吓死你！

首先，他什么也不干，照样不愁酒饭；其次，他还有闲钱学习文化知识，参加官府考试。《史记》记载：试为吏，为泗水亭长。哪户穷人家的孩子能过得如此安逸？真相只有一个——他是村子里的隐形富二代！他那身纨绔习气，穷人家根本养不起！

朱元璋就不一样了，从他往上数四代，都是欠税专业户，几辈人整天在淮河流域四处躲债。

朱元璋很小的时候就开始做童工，给地主家放牛。当然，他当时的内心感受，和大家“突然好想去放牛”的心情是决然不一样的。

不过，日子虽苦，可小朱懂得苦中作乐，整天带着一帮熊孩子玩“装皇帝”游戏，不亦乐乎。小朱表示：在痛苦的深处微笑，你就是自己的英雄。

看到如此励志的情景，老天说，那就再给你加点痛苦，让你开怀大笑，好不好？

于是 1343 年，濠州发生旱灾，次年春天又发生了严重的蝗灾和瘟疫，赤地千里，饿殍遍地。

这种情况下，元政府还在犹豫要不要赈灾，最后决定还是赈灾吧，要不然得让千秋后世戳着脊梁骂。

但所谓“上有政策，下有对策”，朝廷赈灾，官府发财，层层盘剥，最后到了灾民手里，没几粒米。

那段时期，朱元璋整日在噩耗里徘徊。

那段时期，太阳从不曾升起，每一天对小朱来说，天空都是一片黑漆。

至正三年（公元 1343 年）四月初六，朱爸爸饿死了；

三天后，朱大哥饿死了；又过了三天，大哥的孩子饿死了；十天后，朱妈妈也饿死了。

很难想象这十几天的时间里，朱元璋眼睁睁看着自己的至亲在自己面前一个接一个死去，自己却无能为力，内心是何等的崩溃，人间最大的痛苦莫过于此吧！他又哭了吗？不，他把眼泪咽到了心里。

这个 16 岁的少年举目四望，家徒四壁，一贫如洗，连父母都安葬不起，他只能去求地主，希望地主看在自己父亲给他打工那么多年的份上，赏个地方把他爹埋了。地主毫不犹豫地拒绝了，拒绝的理由也没毛病，薪酬已经按时付清，工作期间也按约提供工作餐，离职后饿死在家，不属于工伤，用人单位没有义务对离职员工负责到死。小小年纪的朱元璋终于明白了什么叫“世人结交需黄金，黄金不多交不深”。

现在，家里只剩他和二哥还活着，活得半死不活。兄弟俩强忍悲伤，用几件破衣裳裹住父母尸体，在一块借来的土地上将父母草草安葬。

事毕，兄弟二人商议，如果组团逃荒，恐怕都得丧命，于是被迫分离。

生离死别，泣断人肠。

在绝望的时候，朱元璋一次又一次地向上苍祷告，希望天可见怜，帮一家人渡过难关，但都无济于事。如今他很清楚，如果你不勇敢，没人替你坚强，人这一辈子，真正能依靠的只有自己。如此毁天灭地般的打击，并没有使朱元璋痛苦倒地，反而使他完成了从脆弱到坚强的蜕变——那些戴上皇冠的人，都先学会了承受皇冠之重。

与二哥一家依依惜别，转过身来，朱八八眼中的氤氲就化作了一片阴云，他在心里刻下刻骨铭心的四个字：大元，贪官！

这个仇结大了！

有吃的就行！当一天和尚撞一天钟

背井离乡，风云飘摇，朱元璋的眼中此时充满了仇恨，他扫视着这片凄惨狼藉的江山，他说：我要去当和尚。

其实，朱元璋的目的非常明确，那就是——混口饭吃。

从小忍饥挨饿，衣不蔽体的朱元璋来到寺庙中，仿佛一下子进入了天堂，他甚至觉得，如果能一辈子做个和尚，也挺好。

然而，和尚多了不光没水喝，也没饭吃。没过多久，寺庙也闹起了饥荒，朱元璋只得收拾起行囊，托钵去流浪。

流浪的生活格外凄惨，但生活的苦难并没有把朱元璋的脊梁压弯，我们看到，在风雪中走出的，是一个目光坚毅的少年。

朱元璋就这样一路乞讨，一路流浪，偶尔脱口而出：天为帐幕地为毯，日月星辰伴我眠。睡时不敢长伸腿，恐把江山一脚穿！

霎时间，天就暗了下来，王者之气浓郁……

讲到这里，笔者想说一下帝王之志。

帝王之志是一种很奇怪的东西，这种志向在历史上也不多见。

注意！笔者所说的帝王之志是一种天生志向，诸如杨坚、李渊、赵匡胤这种达到一定权势，才想得寸进尺的，那叫野心。

刘邦呢，一开始也没有帝王之志，等见识了秦始皇的威仪以后，才激发了一点雄心壮志，但也只是艳羡地说了句，做男人就应该这个样子，霸气程度远不如项羽的那句“彼可取而代之”。后来有了那么一点实力，才觉得：“皇帝轮流做，貌似到我了。”可以说，他的帝王梦是从实践中一步步积累起来的。

笔者认为，项羽和朱元璋才是一类人，属于天生就有帝王之志。

但项羽和朱元璋又不一样，项羽祖上是名将，贵族，与秦国仇深似海，他有天生帝王志，是可以理解的。

可朱元璋呢？他怎么会有帝王志向？

所以我们姑且认为，朱元璋是注定的王者吧，既然是注定，那偶尔霸气外露一下，也就不足为奇了。

那么接下来，我们这位注定的王者又做了什么？厚积薄发，然后王者争霸？

你想错了，这么麻烦的事他才不干，王者嘛，就要有王者的范儿——他继续要饭，足迹踏遍万水千山，然后绕了个圈，又回到了当初出家的凤凰山。

此时此刻，元朝大地已然烽烟四起，造反的队伍一批盖过一批。

而我们的主人公，依然在於皇寺里，安静地，当一天和尚撞一天钟。

被逼从戎，一不小心竟成了枭雄

此时的朱元璋，一心想要安逸，老天却说：对不起，不可以！你的使命不允许！

于是祸从天降！

话说朱元璋有个发小叫汤和，在郭子兴手下混得很不错，于是写信拉朱元璋入伙。

朱元璋虽然被欺负的无比凄惨，但为了能够一直吃饱饭，铁了心要做一个守法和尚，坚决谢绝了汤和的好意。

可老天就是不给朱元璋做一个好人的机会，他和汤和的事情被人告发，硬生生被扣上了一顶勾结反贼的帽子！

现在，摆在朱元璋面前的只有三条路：死！死！死！——跑路，饿死！被抓，砍死！！谋反，乱刀砍死！！！

横竖都是死，朱元璋终于下定决心——大元，新账旧账一起算吧！

暮鼓晨钟，残阳饮血，朱元璋和自己的僧袍、蒲团、大钟、要饭碗一一惜别，他从这里走出去，元朝大地就会掀起一场腥风血雨。

公元 1352 年，朱元璋投奔红巾军江淮地区的领头人郭子兴，然后——当了上门女婿。此时的朱元璋，依然没有摆脱饥寒交迫带给他的阴影，只要能吃饱饭，吃软饭也行！

自此，军中皆称呼朱元璋为公子，而“朱元璋”这个正式的名字也是此时才改的。

第二年，朱元璋回乡募兵，外加沿途招募，他的帐下已经群英荟萃，兄弟有徐达、常遇春、郭英、周德兴等人，朱元璋终于组建了一支属于自己的队伍，元末最可怕的汉人军团呼之欲出。

当时的濠州并不是一座大的都城，但在这里就聚集了红巾军五个元帅。郭子兴自成一派，孙德崖与其他三个元帅组成一派，两派之间貌合神离，矛盾重重，都恨不得把对方干掉，将对方的势力吞并。公元1352年秋，徐州红巾军主将芝麻李被脱脱灭了，其部将彭大和赵均用率兵到濠州避难，彭大与郭子兴称兄道弟，赵均用则与孙德崖相交莫逆。在孙德崖的挑唆下，赵均用绑架了郭子兴，将他一顿毒打，并准备打完后就干掉他。朱元璋得到消息，在彭大的支持下，率兵救回郭子兴。从此，两派结下了死仇。

不久，彭大自称鲁淮王，赵均用自称永义王，再加上郭子兴等五个元帅，濠州乱了。朱元璋见这些人半年没出濠州，整天就知道窝里斗，知道他们没有太大出息，成不了大气候，于是带着心腹徐达、汤和等24人离开濠州，准备南下滁州，另立山头。

此时的朱元璋，俨然已不再是那个眼里只有自己饭碗的小吃货，他升级成了一个“大吃货”，他此时的愿望，是让天下人的饭碗里都有饭吃。

当时，除了濠州城里的两王五个帅，最厉害的红巾军是刘福通和徐寿辉率领的两支队伍，他们都是红巾军的元老人物，谁也没把朱元璋放在眼里，这恰恰给了朱元璋一个很好的成长机会。

在南下滁州的途中，定远名人李善长主动来投靠，朱元璋和李善长聊出了相见恨晚的火花，二人因此成了好朋友，相约携手共创大业。

滁州，不在话下，朱元璋以迅雷不及掩耳之势攻城拔寨，至此终于有了真正属于自己的地盘，当年那个人见人嫌、狗见狗咬的叫花子，如今已然割据一方，他在虎视江山。

然而，没过多久，郭子兴就跑来夺权了。

郭子兴因为受到赵均用、孙德崖等人的排挤，在濠州过的十分憋屈，当听说自己的女婿拿下滁州时，也不管朱元璋是不是愿意，打声招呼就来了。朱元璋心里虽然郁闷至极，但也不能在这个时候翻脸无情，给自己扣上一个忘恩负义的名声，事到如今，还能怎么办呢？赶紧地交权呗。

公元 1355 年，郭子兴一不小心病死了，小明王韩林儿任命郭子兴的儿子郭天叙为都元帅，张天佑为右副元帅，朱元璋为左副元帅。名义上，都元帅是军中之主，右副元帅的地位也比左副元帅高。但是滁州方面军基本都是朱元璋的人。所以，朱元璋实际上才是这支队伍真正的王。

郭大哥，是我害了你啊

郭子兴死后，朱元璋在道义上便没有了沉重的包袱，他开始筹划兼并整个郭子兴部。

公元 1355 年秋，朱元璋准备攻打集庆，即现在的南京。刚刚投降不久的陈野先主动请缨，朱元璋表示：老陈，你办事，我放心！

这时，智将冯国用站出来劝阻，明确指出，陈野先靠不住，他之所以投降，不过是为了保命。现在让他带领旧部去打金陵，恐怕是肉包子打狗——有去无回！

朱元璋沉默不语，冯国用坚持谏阻，朱元璋幽幽说道："人各有志，他想跟蒙古人还是跟我，悉听尊便吧！"难道，朱元璋胸襟真的如此宽广？

事情的发展果然不出冯国用所料，陈野先去了没几天，就派人送回一份公文，报称：南京右环大江，左枕崇冈，不易攻取，建议先南下攻取溧阳，向东夺取镇江。并说这是断敌粮道，使南京可以不战而下的最佳方案。

明眼人一看就知道这是陈野先的缓兵之计，他根本不愿意为朱元璋打仗。朱元璋看到书信，微微一笑，并不采取其他措施，只让李善长写了一封回信，向陈野先指出，长江天堑已不能成为我方夺取南京的障碍，现在我方占据上海，已扼其咽喉，你这是舍全胜之策，而为迂回之计。

这封信实际是向陈野先点明，我已经知道你有反心了！那么，陈野先又会做何反应呢?

要说反应，朱元璋的反应比陈野先的反应还快，他这边刚回完信，立马建议张天佑和郭天叙去攻打南京。

郭天叙见朱元璋叫自己去打南京，一开始很不满意，怀疑这家伙有不良企图。张天佑虽然也觉得朱元璋居心叵测，但他眼里更多的是利益。在他看来，南京那边已经有陈野先的人在打先锋，自己的部队一到，两面夹击之下拿下南京问题不大。到时候，自己和郭天叙就可以完全脱离朱元璋的制约，建立真正属于自己的势力，那可是南京啊，数朝古都啊，发展好了当个皇帝也是很有可能的！

张天佑把自己的想法告诉了郭天叙，郭天叙受到了极大诱惑，激动而无法自持，两人一合计：干！于是立即带着本部人马前去血战南京。

郭、张二人都没有考虑清楚，南京是数朝古都，王气十分浓郁的地方，朱元璋自己不攻，却在占据南京门户的大好形势下，把这么大的好处拱手让给他们，这是为什么呢？他，到底用意何在？

郭天叙和张天佑率军东下，部队抵达秦淮河，与元朝南台御史大夫福寿相遇，当头就是一波惨败。在溃退中，二人遇到了陈野先的部队，郭天叙喜出望外，心想这是朱元璋调遣援军来了，天不亡我！可等到他催马走近，却被陈野先一枪挑落马下。张天佑见状，拍马便走，却终没能逃过福寿与陈野先的两面夹击，力战而死。

这一仗，郭天叙的部下几乎被杀戮殆尽，余众狼狈奔逃，回到滁州向朱元璋泣诉战败经过，朱元璋闻言失声痛哭："是我害了你们啊……"

哭完，擦擦眼泪，收编郭、张二人的余部去了。

第二年，趁着张士诚在长江三角洲与江南元军死磕，朱元璋亲自统率水陆大军杀向南京，战争进展得十分顺利，不到 10 天，南京到手。

在南京，众人建议朱元璋给南京改名字，叫应天，寓意非常简单明了，就是顺应天意的意思。这个名字，既表示朱元璋是天选之人，又强调他们这支队伍是天选之师，马屁味很浓重，但是大家都喜欢，就这么决定了！

“卧龙凤雏”聚应天，九字国策定江山

没有了郭家人的钳制，占据南京的朱元璋终于拥有了完全意义上属于自己的家，这是他和老婆、和兄弟们自己的家，在这里，朱元璋终于可以卸下多年以来的防备，安安稳稳地大睡一觉了。

但是，酣眠虽可小太平，天风总会吹梦醒，朱元璋目前的处境还容不得他高枕无忧。尽管朱元璋此时已经占据了王气浓郁的南京，尽管他们现在称这里为应天，但是，是不是天选之人、是不是顺应天命，老天说了不算！倘若自己都信了这一套说辞，那就是自欺欺人。朱元璋现在完全没有自欺欺人的资本，因为他现实中的敌人远比想象中更残忍。

这时的朱元璋，四面环敌，东、南两面是元军，东南面是张士诚，西面是徐寿辉，形势一片不好，非常不好。下一步怎样发展，如何在群雄环伺的情况下问鼎江山，猎到“天下”这只最大的“鹿”，这需要很高深的谋略。而要做到这一点，出身低层家庭、最初职业为“和尚”的朱元璋显然是心有余力不足的。这个时候，只有那些饱览史书、深通谋略、明了兴衰成败之规律的精英知识分子，才能为朱元璋做出通盘正确的战略谋划。

朱元璋很幸运，因为就在这个关键时刻，他碰到了一个很厉害的人。

公元1358年，朱元璋率军攻打婺源，打了很长时间也没攻下来，急得他抓耳挠腮，这时候大将邓愈提议：大哥，这地界有个叫朱升的隐士，是个很厉害的人，曾凭三寸不烂之舌劝降万众雄师，我觉得你可以去问问他有没有办法。

朱元璋这个时候还是很尊重知识分子的，于是换了便装，从连岭出石门，亲自去找朱升求教。

两人见面以后，经过一番深入交谈，朱元璋确认朱升是一个博学多才、有着独到见解的很厉害的人。而朱升也透过朱元璋的言谈，断定他是个响当当的人物，将来问鼎天下结束乱世大有希望，于是便道出了深藏心中的九字箴言——高筑墙，广积粮，缓称王！

这九字箴言一出，天下又是为之一震。

所谓“高筑墙”“广积粮”，通俗的说法就是在抢地盘的同时，不要忘记建立稳固的后方基地，最大限度地保护战争成果；同时，全力囤积军需物资，确保后勤供应。

而“缓称王”，则是这九字箴言的核心内容。朱升提醒朱元璋，在与大元，乃至其他义军抗衡的过程中，不要有点成绩就骄傲，扩大战果就浮飘，做人一定要低调，切不可急于称王称霸，以免成为所有人的箭靶。

朱元璋觉得读书人的分析就是不一样，很有道理，于是便将朱升这“九字箴言”定为今后发展的总战略方针，史称“九字国策定江山”。

国策已有，下一步就是如何摆平对手，此时此刻，朱元璋明面上和心中藏着的对手主要有以下几位。

第一位肯定是导致他家破人亡、出家要饭的大元。当时，虽然全国上下已经红巾遍地，元朝的江山已然一片狼藉，但快死的骆驼也不小，大元依然能够调遣重兵将“红巾军们”困在有限的范围内，然后看着那些想独霸天下的人自相残杀，准备等他们内耗到一定程度，再进行收网行动，将其一网打尽。

第二位是盘踞在苏州一带的张士诚。张士诚与朱元璋的地盘接壤，当年，朱元璋拿下南京时，为保障根据地的安稳，曾主动给张士诚写信示好，希望对方不要窥觑他的地盘。

而彼时的张士诚势头正旺，根本没把初出茅庐的朱元璋放在眼里，两家随即发生边界摩擦，结果张士诚被朱元璋打得毫无还手之力，两家从此就结下了仇。

张士诚这个人，表面看着持重寡言，好像很深沉很有气度，但实际上胸无大志，也没有远见卓识。他占据吴中后，小富即安，觉得人生达到这个高度就可以了，于是开始放浪形骸，松懈政事。他的弟兄们也见样学样，大家一起沉迷于珍宝、美酒，遇到打仗的事情时，一定要张士诚给足了赏赐才肯出征，而且每次出征都带着大小老婆、美酒乐器，就跟出游一样。但即便如此，朱元璋在与张士诚的对攻中也没有占到便宜。

第三位是“布袋和尚”彭莹玉曾经率领的那支起义军。彭莹玉战死后，徐寿辉成了这支队伍的大当家。若以才能来说，徐寿辉也不是特别差，毕竟能在乱世中雄起的人物，怎么可能没有本领。但他手下有个更厉害、更有野心、更心狠手辣的人物，这个人就是陈友谅。

公元 1360 年，陈友谅在江州发动兵变，软禁徐寿辉，彻底接管彭莹玉留下的这支队伍，随即以江州为都，自称汉王，其势之大，一时无两，是朱元璋占领南京后遇到的最危险的敌人。

第四位是浙江的方国珍。方国珍海盗出身，志向不大，是个骑墙党，表面上对朱元璋很恭敬，但这样的人物很可怕，如果朱元璋陷入险境，他肯定会落井下石，然后再狠狠地扎上几刀。

除此之外，还有一位，是朱元璋一直暗藏于心中的敌人，这就是在刘福通扶持下“号令江湖”的小明王韩林儿。

对于其他敌人，朱元璋虽然忌惮，但还不至于无计可施，到了必要时候，拉开架势大干一场就行，谁赢了谁做主。但面对小明王，朱元璋却是万万无法主动挥刀的。

朱元璋最初隶属于郭子兴的队伍，而郭子兴名义上又是刘福通和小明王的人，换而言之，朱元璋即便折腾得再大，追根溯源，他也是“明教”的人，而且他也确实接受过小明王的册封，任江南等处行中书省的平章政事（用现在的官职衡量，相当于江南军区司令员）。这也是最让朱元璋头疼的地方，虽然朱元璋这个人不是很讲道义，但他也深深知道，做人，吃相不能太难看，名声还要顾及一些，否则一旦给别人留下口实，就会被群起而攻之，到时候就难了！

面对着四面环绕的强敌，朱元璋又犯难了——这仗怎么打？打谁都可能有一伙势力在背后捅刀子，牵一发而动全身啊！朱元璋一面薅着头发，一面不住嘴地骂自己：没文化，真可怕！

朱升这时也没有了办法，他善智谋策略，但并不善阴谋诡计，让他和这么多厉害的人一起拼智力，他也有点束手无策啊。

朱元璋那帮草根出身的兄弟就更不用说了，让他们打仗拼命一个顶俩，让他们想策略、定方针，那真是难为人。

然而，就在大家一起薅头发的时候，又一个厉害的人出现了！

东方不亮西方亮，你要先除陈友谅

公元 1360 年，刘伯温来到应天府，和朱元璋一见如故，随即一针见血地指出：东方不亮西方亮，你要先干陈友谅！

刘伯温认为，不管你老朱现在实力有多雄厚，多线作战显然是不现实的，那是自取灭亡，所以必须各个击破。那么，到底应该先击破谁呢？显然是陈友谅，原因有以下几点。

第一，陈友谅很厉害，而且有大志，不能给他继续做大的机会。如果等他羽翼彻底丰满再动手，最后的结果很难预料。

第二，陈友谅这个人平素不把任何人放在眼里，因此得罪了不少人。打陈友谅，愿意去帮忙的人肯定不多，而希望他死的人也肯定不少。

第三，张士诚和方国珍也就是土军阀的格局，志向短、眼界低，不足为惧，你打陈友谅，他们喜闻乐见，迫切希望你们两败俱伤，然后再跳出来坐收渔翁之利，所以你打陈友谅的时候，他们不会轻易动手。但陈友谅不一样，这人是有帝王之志的，他绝对不会眼睁睁看着你在自己眼皮子底下步步做大，所以如果你先打张、方二人，陈友谅一定会趁机给你致命一击！

第四，那个半死不活的大元，目前的态度和张、方二人的态度基本一样，就是坐山观虎斗，暂时可以不用考虑，等将来扫平周边，再集中力量对付他。

至于另外的敌人嘛，老朱，借一步说话……

朱元璋听完刘伯温的滔滔陈述，眼睛瞬间就亮了，猛地一拍大腿：你的鬼点子真多！

当即决定，召集兄弟，血战陈友谅！巧了，陈友谅这边的想法和朱元璋这边的想法一模一样。

朱元璋与陈友谅，两个都有野心做天子的人，他们谁都不想让老天多出一个和自己争天下的儿子，他们都想把对方扼杀于摇篮之中，一场惨烈大战即将上演。

公元1360年，陈友谅除掉徐寿辉，在江州称帝，国号汉，改元大义。

接着，陈友谅邀约张士诚一起血洗应天，表示事成之后愿意和张士诚一起平分朱元璋的地盘，张士诚口头答应，实际按兵未动，暗中观望。陈友谅自持兵多将广，自信膨胀，决定独吞朱元璋。

消息传来，应天震动，众将纷纷献策，你一言我一语，就是没人能够说到点子上。再看刘伯温，沉默不语，一副老僧入定的模样。

朱元璋赶忙奉承道："运筹帷幄的刘老师，您怎么看？"

刘伯温慢慢说道："诱敌深入，重兵伏击，此战可胜！"

这话……朱元璋纵然大字不识几个，他也知道诱敌深入，重兵伏击，能打胜仗啊！问题是，怎样才能诱敌深入？

朱元璋思来想去，他突然想到了一个人。这个人在历史上记载不多，但这个人能给陈友谅造成致命诱惑，这个人不是什么倾城绝色，他只是朱元璋手下的一名抠脚大汉！

当时，朱元璋手下有一员武将叫康茂才，他与陈友谅是湖北老乡，是老相识、好朋友，朱元璋希望他能配合自己演一出戏，把陈友谅引入自己的圈套里。康茂才当即表示："大哥，我办事，你放心！"

当即，康茂才给陈友谅写信，说我因为和你陈兄的关系，在朱元璋这里备受猜忌，日子过得苦兮兮。想我当年也是镇守一方的狠角色，怎么能任他一个要饭的随意揉搓，所以我决定反了朱元璋。陈兄，老康我现在就将这边的排兵布阵图献上，他日你若挥兵而来，我必为你做内应，你我联手，让应天府血流遍地，让朱元璋身首分离！

陈友谅出于对朋友的信任，也不疑有他，读罢信哈哈大笑：朱和尚，我陈友谅有这样肯过命的兄弟，你的死期到了！

当即，亲率大军，直扑应天府，结果，中计！

此一役，陈友谅经历了有生以来最大的一次惨败，手下兄弟死伤无数，丧失战舰数百艘，部将于光、欧普祥皆缴械投降，陈友谅乘小船仓皇逃命，又被朱元璋部下一路追杀，千辛万苦才逃出生天，但江西大片地盘都被朱元璋收入囊中。

朱元璋正想趁热打铁，乘胜追击，后方发生了变故！

鄱阳湖水军大战，陈友谅含恨归天

公元 1358 年，刘福通亲率主力攻破汴梁城，将“宋”政权推向巅峰，然而水满则溢，乐极生悲。

公元 1359 年，元将察罕帖木儿重兵包围汴梁城，刘福通孤军无援，带着韩林儿败走安丰，在极艰难的形势下坚守安丰 4 年零 9 个月。

公元 1363 年，张士诚趁朱元璋鏖战陈友谅之际，派部将吕珍突袭安丰，安丰危矣！小明王危矣！水深火热之际，刘福通能想到的“救火队长”只有朱元璋。

当时，刘伯温和朱元璋手下很多兄弟都不同意前去救援，纷纷表示这是借别人之手除掉小明王的大好机会。

朱元璋力排众议：我们不能让别人说我们不仗义，只有让别人觉得我们够仗义，我们才能高举义气，聚拢人气。

然而，朱元璋终究还是去晚了一步，至于是不是故意去晚的，就不得而知了。总之，安丰城破，刘福通力战而亡。幸好，朱元璋的人马顺利救出了韩林儿，并把他送往滁州崇阳宫安置。

朱元璋去安丰给了陈友谅喘息之机。陈友谅惊魂稍定，猛然一拍大腿："此时不打反击，更待何时反击？

这一次，陈友谅率大军60万，船载家属百官，尽发精锐，飞梯冲车，百路并进。不过，他并没有直扑应天府，而是准备先吞下朱元璋治下的另一重镇——洪都府（现在的南昌）。陈友谅兵临南昌，将这座古城整整围困了85天。然而，这85天非但没有把南昌守军困死，反而把自己围得粮草不济，不得已之下，陈友谅只好选择“网开一面”，他东出鄱阳湖，试图引朱元璋来进行水战。

论水战，陈友谅是占据很大优势的，他这次为了一口气弄死朱元璋，带来的都是三层甲板能跑马的巨无霸战舰，在当时，差不多就是航空母舰一般的存在，而朱元璋手里只有数百艘乘风也破不了浪的小船。

劣势条件下，朱元璋没有慌乱，他冥思苦想，灵机一动：当年周瑜打曹操好像和我现在的情形差不多嘛！

终于，在位于鄱阳湖内的康郎山，两军相遇了。

陈友谅充分发挥自己的装备优势，将巨舰摆成个一字长蛇阵，横铺几十里，“望之如山”，阵仗之大，足以把胆小者吓得瑟瑟发抖。

朱元璋则把自己的小船队分为20队，给水军们全部配上小火炮、小火铳、小火箭、小火枪等等。

陈友谅一声令下，巨型战舰平推而来。朱元璋一声令下，军中火炮、火铳、火箭、火枪齐发，狠狠射向陈友谅的队伍中。

与此同时，朱元璋还暗中派出了一支敢死队，他们驾驶着装满火药和干芦苇的小船，从敌军背后偷偷驶近，及至近前，敢死队员们将干草点燃，顺风把小船摇进巨舰群的缝隙之间。

说时迟，那时"呼啦"一下，数百艘巨舰瞬间燃成一片汪洋火海。陈军此时也不知是该先救火，还是应该积极应战，抑或是仓皇逃命，60万大军乱作一团。有侥幸从火海中逃出的船只，奔着湖口的方向疾驶而去，只要出了湖口，他们便多了一丝活命的机会。但朱元璋早就派人锁住了湖口，来者必杀之。

鄱阳湖首战，陈友谅溃不成军，损失惨重，但他不是个轻易认输的男人，说他不见棺材不掉泪也好，说他宁肯断头也不断信念也罢，总之他很快就调整好了自己和部队的状态，带着士兵们再次投入到了与朱元璋的殊死搏斗中。

这一次，陈友谅仍选择用巨舰逼近，同时箭弩齐发，使朱元璋的小船没有丝毫靠近的机会。待到两兵快要相接时，陈友谅又命人高举火把，居高临下投掷到小船上。一时之间，朱元璋的阵营很快变成一片火海，甚至连主帅的指挥船都陷入了火海之中。

不过，陈友谅比朱元璋还要狠，他打定了擒贼先擒王的主意，暗派一支精锐部队乘小船向朱元璋的主帅船杀来，等到朱元璋发现不对劲时，已经躲避不及。陈军死士蜂拥而上，誓要取下他的项上人头。

幸好，朱元璋身边此时有位愿为大哥两肋插刀的兄弟。大将程国胜不由分说就强行将朱元璋宽衣解带，然后把朱元璋的衣服往自己身上一套，迎着敌军而去，随即就被乱箭射杀，仰身栽倒于鄱阳湖中。陈军见“朱元璋”已被干掉，大功告成，兴奋不已，也没有及时去验明正身，也不再管船上其他人的生死，兀自欢呼雀跃。朱元璋趁机从水下遁走，侥幸捡回一条性命。

不明真相的朱军众将士听说领导人阵亡，早已无心恋战，渐渐呈现溃退之势。眼见胜负将分，说时迟，那时快，“嗖”的一下，前来救援的常遇春在外围远远地搭弓射箭，一箭命中陈军帅船上的张定边。

紧接着，常遇春的外围部队将鄱阳湖主战场围成了一个圈，大家带着为领导人复仇的心情，疯狂地向陈军主战船发射箭支。身负重伤的张定边护着陈友谅左冲右突，无奈四周已被常遇春围得铁桶一般，根本突围不得。

突然，一支流箭乱打正着，狠狠地正中目标，陈军中发出一声哀嚎，主帅陈友谅竟被爆头而亡，一代枭雄，就这么低调而又憋屈地死了。

得知父亲被杀，驻守在武昌城的陈友谅次子陈理下令三军素缟，誓要为父报仇，然而不等他发动大军，朱元璋已经将武昌城围了起来。

公元 1364 年，朱元璋在百官的一再请求之下，一脸不愿意地进阶吴王，建百官司属，开始代小明王发布命令。称王后的朱元璋豪气满腹，触动了灵感倾泻，一首好诗脱口而出 ：“马渡溪头苜蓿香，片云片雨过潇湘。东风吹醒英雄梦，不是咸阳是洛阳。”这首诗，既能够看出朱元璋气吞山河的帝王气概，也能够看出他与众不同的文化水平。

因为早在一年前，张士诚已经自立为吴王，故历史上称张士诚为东吴王，朱元璋为西吴王。

陈理这边，面对朱元璋的重兵围城，几次试战均不能胜，已然自乱阵脚，当初誓要为父报仇的孝心早已烟消云散，现在就想着要是能逃走该有多好。

陈理的属下陈英杰却换上朱军军装，怀揣利刃，悄悄混入朱军大营。正如他预料，朱军将士鏖战已久，又刚刚射杀了对方主帅，此时无论精神上还是戒备上都十分松懈，陈英杰得以轻易接近朱军主帅营帐。

陈英杰用刀尖划开帐面，暗中窥觑，只见帐中只有一人正有模有样地坐在灯下看书，一边看，一边挠头，完全一副看不懂的模样。陈英杰暗忖："没有文化还装有文化，这不是朱元璋还能是谁呢！"想到此处，陈英杰猛然抽出腰刀，以奔牛之势冲入帐中。

也是朱元璋命不该绝，他在努力认字的时候隐约感到帐外腾起一股杀气，多年的征战经验使他产生了本能反应，堪堪躲过陈英杰的致命一刀。不等陈英杰砍出第二刀，守在帐外的贴身保镖们已然一拥而入，将陈英杰乱刀砍杀。

第二天，朱元璋命人提着陈英杰的人头去城下叫战。陈理见此情景，最后的一丝希望也变成了绝望，为了避免生灵再遭涂炭，他心如死灰地向朱元璋竖起了白旗。

朱元璋打败陈友谅父子，并没有按兵不动，就地休整，而是挥兵继续向淮河地区推进，他要和张士诚好好算一算旧账。

张士诚、小明王、方国珍……还有谁

前文有所提及，张士诚与朱元璋的仇由来已久。

朱元璋在不断成长和壮大的过程中，不论是为人处事、用兵用将，亦或是对外的政治交往，都是采取相当谨慎的态度和方针。为了在四面受敌的环境中求得生存，他不得不把自己的锋芒掩藏起来，并试图采取结盟的方式来保存自己的军事实力。

当年的朱元璋与张士诚相比，根本无法同日而语，因此在示好请求结盟的时候，被张士诚狠狠地鄙视了一番，此后两个人在边界问题上时有摩擦，但谁也无法将谁从地图上抹下。

后来，张士诚投诚了政府军。

其实，老张此时的选择也是迫于形势而不得不走的一条无法回头的路。

一方面，当时，张士诚在与朱元璋的数次交战中折了很多兄弟。而且，早已投靠元朝的方国珍又来抢夺昆山和太仓，这使得张士诚和朱元璋一样四面受敌。战场上的连连失败使得军心涣散，张士诚已经岌岌可危，他不得不在当前的形势下给自己选择一条相对较好的出路。

另一方面，张士诚在起义征战的过程中，为了迅速扩张，曾招纳大批元朝旧臣和投降地主，以及各路江湖奇异人士。这些人迅速取代了张士诚的原班人马，成为队伍中参政议政的重要力量。这样就使几拨人形成了不可调和的矛盾，同时也为张士诚团队的内部瓦解埋下了祸根。

这群元朝旧臣当初选择投降于张士诚，实则是再明显不过的政治投机。当看到战事不利，他们又开始蛊惑张士诚投诚大元王朝，建议他借助元军势力绞杀各路枭雄，最后做大自己。张士诚对此游移不定，于是他向自己的亲弟弟张士德征求意见，小张只说了八个字："可降元朝，以为支柱。"

或许是出于对亲弟弟的信任，或许是自己已再无赈济苍生之心，很快，张士诚倒向了蒙古人。张士诚投降后，元政府册封他为太尉，拿他当枪使，让他去和江南义军拼命厮杀。

在元政府的资助下，张士诚的实力逐渐进入了巅峰状态，地盘也达到了空前规模。与之相对应的，则是张士诚无限膨胀的野心和欲望。为了得到与自己身份相匹配的待遇，张士诚三次向元政府上书，索要王爵，但骨子里瞧不起汉人的蒙古人一再拒绝。

张士诚一怒之下，自立为吴王，分封百官。这也意味着，张士诚已经和元朝走向决裂，他不再拥有元朝的庇护和资助，但老张此时已不在乎，他也想成为这天下之主！

他趁着朱陈二人鏖战之际，想一举吞下离自己最近、被困已久的"宋"政权。

但张士诚万万没有想到，朱元璋竟然肯放弃一举击杀陈友谅的大好时机，前来营救刘福通和小明王。更令他意想不到的是，自己当年都不拿正眼瞧他的朱元璋，此时竟然已经成长为王者。而且这个朱元璋在救下小明王以后，竟然像疯了一样，摆出一副杀红眼的架势，向着自己的大本营席卷而来。

江阴一战，张士诚不仅丢了军事要地，还折了自己的亲弟，眼见朱元璋气势汹汹，兵锋直指本家都城，张士诚都要被吓坏了！幸好陈友谅缓过劲来，回手又给朱元璋打了一个反击，否则，老张怕是要死在陈友谅前面了。

然而，当陈友谅与朱元璋再次鏖战的时候，张士诚竟然当起了酱油党，好像谁胜谁负和他完全没有关系一样。不得不说，刘伯温看人真准，张士诚的确眼皮子浅格局低。

正是这种自私自利的低格局，注定了张士诚最后的结局。

朱元璋灭掉陈友谅以后，没有丝毫犹豫，直接奔张士诚而来，以平推之势一口气拿下通州、兴化、盐城、高邮、泰州、宿州、安丰、濠州数地，彻底将张士诚从江北赶了出去。

公元 1366 年 5 月，朱元璋向张士诚发起了最后的总攻，再下杭州、湖州二城，将东吴都城平江打成孤城。随即重兵围城，发动平江之战。

兵围平江的同时，朱元璋派心腹廖永忠去接韩林儿来应天享福，但老天并没有给朱元璋这个表忠心的机会。韩林儿在瓜步渡江时，船底不知道为何漏水了，“明教”第二代教主沉尸江底。随即，朱元璋宣布不再以龙凤纪年，称公元 1367 年为“吴元年”。

很多人都认为，这事儿绝对是朱元璋让廖永忠干的，可老朱真是那样的人吗？但不管怎样，韩林儿一死，朱元璋称帝就再也没有道德上的障碍了。

平江之战中，朱元璋筑墙围城，并制造三层木塔楼，高过城墙，以弓弩、火铳向城内射击，还设襄阳炮日夜轰袭。其间，朱元璋曾多次派人劝降，都被张士诚拒绝。张士诚死守平江，箭尽后，以屋瓦为弹，粮尽时，以老鼠、枯草为食。

平江城百姓一片恐慌，张士诚团队却开始了最后的享乐。平江被围的最后一天，张士诚的弟弟张士信在城头督战，仍不忘享乐，恰好一炮打来，小张的脑袋被打得粉碎。

吴元年（公元 1367 年）九月初八，朱元璋大军攻入平江城，张士诚率军展开巷战，拼死抵抗，失败被俘后，自缢而亡，东吴灭。

灭掉张士诚，朱元璋马不停蹄，命汤和为征南将军，挥军杀向浙东方国珍。又命胡廷瑞为征南将军，何文辉为副将军，征讨福建。同年，方国珍降。

公元1368年，南京城里，那个曾经的孤儿、和尚、要饭的，建立了中国历史上最后一个由汉人统治的王朝，国号大明，年号洪武。

随即，朱元璋策马扬鞭，指向大元。

这江山，是我让给你朱元璋的

从元至正十二年（公元1353年）正式投靠郭子兴开始算起，到真正开创大明基业的洪武元年（公元1368年），朱元璋竟然只用了16年时间，就从一个眼里只有饭碗的吃货，脱胎换骨成为一代帝王。试想，若不是尝遍苦辣辛酸、历尽血雨腥风，吃常人所不能吃之苦，用常人所不能用之力，谋常人所不能谋之勇，何来如此壮丽的人生？

虽然建立了属于自己的王国，但对于朱元璋来说，这只是他帝王人生的开始。要想走好脚下的每一步，他必须酌古斟今，以人为鉴，悟透历代帝国的兴衰，总结败亡枭雄的教训，才能避免自己重蹈覆辙。当然，以朱元璋此时的文化水平，他未必能把司马迁老师的《史记》完整地读下来，更不要说读明白，但此时在他的眼前，就有一个活生生的例子啊！没错，咱们说的就是元朝大名鼎鼎的最后一个皇帝——铁锅。

元至正二十八年，洪武元年，公元1368年，明军攻打到北京通州附近，一统中原近在眼前！

明开国军事统帅、明开国第一功臣、明史第一名将徐达率大军驻扎在城外，此时，他在等待两个结果：一是血战大都，与元政府做个彻底的了结；一是元顺帝良心发现，为避免生灵涂炭，降而不战，展现出一个帝王最后的尊严。

然而，徐达是万万也没有想到啊，铁锅这家伙居然如此奇葩，堂堂帝王竟然一点脸面都不要，连挣扎一下的姿态都没有，玩了招金蝉脱壳，望风而逃，临走，他还给朱元璋留下了一首诗：

金陵使者渡江来，漠漠风烟一道开。

王气有时还自息，皇恩何处不昭回。

信知海内归明主，亦喜江南有俊才。

归去诚心烦为说，春风先到凤凰台。

你瞧瞧人家这话说的多有水平——不是我铁锅昏庸无道祸国殃民，是王气这东西因为地球自转发生了转移，既然天意如此，我就把江山让给你这后辈吧。

在中原待不下去了，铁锅一路逃窜，最后只好带着蒙古人回归漠北老家。洪武三年（公元 1370 年），铁锅因为“急性痢疾”死于内蒙古克什腾旗，庙号“思宗”。朱元璋因为他不战而逃，讽刺他是“知顺天命，退避而去”，故追谥他为“顺帝”，这个侮辱性极强的叫法从此就传开了。

把时间往回拉一点。徐达克复北京以后，顺势一扫，北方山东、河南、河北等地尽入明军之手，铁锅的不战而逃使整个北伐战场发生了根本性变化，困据山西、陕西的元地主武装集团完全陷入了群龙无首的境地。朱元璋大手一挥，全军转入下一个战略阶段。

洪武元年（公元 1368 年）8 月 15 日，朱元璋命孙兴祖、华云龙留守北京，命徐达、常遇春挥师向西，攻取山西。同时，命冯胜、汤和由河南渡河向北，策应攻晋主力。经过近 5 个月的艰苦作战，明军于洪武二年（公元 1369 年）正月攻克大同，进而平定山西。

这时，元朝在陕甘方面尚残存李思齐、张思道等率领的军队 10 余万人。徐达平定山西后，迅即转攻陕甘，以求彻底完成此次北伐战略任务。自二月徐达派常遇春、冯胜渡河攻陕，至十二月明军击溃王保保反攻兰州之军，历时 10 个月，明军基本平定陕甘。至此，朱元璋北伐灭元之战宣告结束，中国再次回归到汉族建立的王朝统治之下。同时，丢失 400 多年的燕云十六州也被收回来了！

华夏，自五代石敬瑭割让燕云十六州以后，我华夏热血男儿没有一天不想把它夺回来。

然而，岳飞，没有成功……隆兴北伐，没有成功……开禧北伐，没有成功……

可朱元璋，一个扁担横放只知道是个一字的文盲，硬是高喊着“驱逐胡虏，恢复中华，立纲陈纪，救济斯民”，把燕云十六州从胡人手里夺了回来！

从分到合，整整过了 455 年……

可朱元璋说，大家先别激动，等我腾出工夫，再彻底解决一下其他争议领土问题。

朱元璋翻开心中的那个小本本，那上面赫然还写着两个大字——贪官。

陛下！难道你真的一个都不留吗

朱元璋对付贪官的手段，可谓前所未见，惨绝人寰，令人毛骨悚然。

在明朝，谁要是敢贪污六十两银子以上，不好意思——等死吧！

死，还不能叫你舒服着死！除了剥皮楦草制成标本外，还有铲头会、刷洗、枭令、称竿、抽肠……只有你想不到的，没有他做不到的。

正是因为朱元璋的一系列残酷手段，他在历史上被贴上了暴君的标签。但也正是这个暴君，制定了“平民可以拘役贪官”“天灾可以不经批示直接开仓救人”的神奇律法。

而且这个暴君，还是中国历史上最勤政的皇帝之一。他曾在八天之内，审批奏章 1660 件，处理国事 3391 件。平均每天的工作量可想而知。

这个暴君的节俭，在历代皇帝中也堪称登峰造极。每天早饭，“只用蔬菜，外加一道豆腐”。

这个暴君因为身世可怜，所以深知百姓疾苦，他一再减免天下赋税，重视赈济灾荒，兴修全国水利，并坚持把“教育工作”作为衡量地方官政绩的重要指标。

在这个暴君当政的时代，中国古代老百姓社会福利最好。免费养老院（养济院）、免费医院（漏泽园）和免费公墓（养济院）统统出现。这个暴君还曾试验过“保障房”政策，命令官员在南京郊外修筑公房，安排无家可归者居住，是世界最早的国家免费福利公房。

那么现在，对于这个暴君，你又怎么看？

当然，朱元璋被骂，也不算冤枉他，血腥、残忍的事情他也确实做了。

我们知道，人有一种很不好的心态，叫自卑。

自卑到了极点的人，就会格外在意别人的看法和评价。任何人的任何言语，他都会映射到自己身上，想法非常消极。

种种迹象显示，朱元璋就是一个非常自卑的人，他的自卑源于自己悲惨的身世和没有文化的事实。

但他是个王者，王者通常不愿意承认自己内心深处的自卑，他只会用一些极其夸张的方式来寻找心理上的平衡。

朱元璋也是这种心态——如果谁敢瞧不起寡人，寡人就让他做不成人！

出于这种心理，洪武时期，出现了令人防不胜防、极度抓狂的文字狱。

实际上，做过乞丐和和尚，一直是朱元璋内心深处抹不去的伤，谁碰谁遭殃。大明臣民其实谁也没有胆子也没有兴趣当着朱元璋提及这两件事，但朱元璋自己整天疑神疑鬼，暗暗制定了一系列奏章“敏感词”。但凡“光”“秃”“僧”等与和尚沾边的字眼儿，都是他的大忌。

又因为是造反起家，所以朱元璋也非常讨厌别人提“贼”和“寇”。由此将防区无限扩大，简直不给文人活路了。

以下，便是一份不太详细的朱元璋冤杀文人档案：

杭州府学教授徐一夔在贺表中写道：“光天之下，天生圣人，为世作则……”，朱元璋认为，光暗示秃，生暗示僧，则暗讽贼……拖出去斩了！

僧人来复作诗：“金盘苏合来殊域”，“殊”被视为“歹朱”……拖出去斩了！

浙江府学教授林元亮作《谢增俸表》中有“作则垂宪”的语句，“则”同“贼”……又拖出去斩了！

福州府学训导林伯璟作《贺冬表》中有“仪则天下”的语句……

常州府学训导蒋镇作《正旦贺表》中有“睿性生智”的语句……

怀庆府学训导吕睿作《谢赐马表》中有“遥瞻帝扉”的语句，被视为“帝非”……

德安府学训导吴宪作《贺立太孙表》中有“天下有道”的语句，“道”与“盗”同……

……

……

更夸张的是，朱元璋连先贤孟子都不放过。他说：死了就没事了吗？

洪武二年（公元1369年），孟子牌位被撤出孔庙。后来因为文星黯淡，朱元璋心虚，才又给搬了回来。

但事情就这么过去了吗？朱元璋说不行，这样我多没面子，遂下令删节《孟子》，凡对君不敬之言一律删去，所删内容占全书的三分之一。

整治完读书人，再整治有功之臣。

朱元璋说，大家排排坐，吃果果，功劳越大，可以吃得越多。伯温，你过来一下……

关于刘伯温的死因，目前尚无定论，但朱元璋一口咬定：“胡惟庸干的！”

历史学家吴晗老先生表示不同意，他说：“刘伯温被毒，出于明太祖之阴谋，胡惟庸旧与刘伯温有恨，不自觉地被明太祖所利用。”

至于真相如何，朱元璋表示——死无对证！因为——胡惟庸你也过来一下。

洪武十三年（公元 1380 年），胡惟庸案爆发。

胡惟庸属于典型的才能不够，溜须来凑，人品极差，为人正直的人都不爱搭理他。

当年朱元璋起用胡惟庸为相，正是看中了他的溜须拍马，他想利用胡惟庸给满朝文武挖一个很大的坑！

那么，这个坑里到底装着什么机关呢？

在古代，丞相，一人之下万人之上，他们名义上必须服从皇帝，但实际上，他们拥有很多让皇帝都相当无奈的特权。

比如，“封驳”——皇帝的命令不靠谱，丞相可以带头说不！

再比如，“代拟诏书”——制定好政策，交给皇上盖个章即可。

要是碰上不务正业的皇帝，想必高兴都来不及。但朱元璋是个掌控欲极强的人，他绝不允许任何人染指皇权！

于是——小胡，你使劲作！等你作到了人生巅峰，看我怎么把你们连根拔起！

公元 1380 年正月初六，朱元璋以“擅权植党”的罪名除掉胡惟庸，随即对朱明集团进行内部大清洗，凡反对废除丞相制者，凡被怀疑心怀二志、行为跋扈的大臣，都被视为胡惟庸的同党，处死不够，还得抄家。受牵连者达 15000 多人。

正月十一，朱元璋在京城南郊祭天后，正式宣布废除中书省，从此，终明一朝，再没有宰相一职，皇帝直接接管六部，君权至高无上。

整个洪武十三年（公元 1380 年），南京城一直处于血腥、恐怖的气氛之中。多少大臣“人在家中坐，祸从天上落”，搞得满朝瑟瑟发抖，人人惶惶不可终日。

洪武十七年（公元 1384 年），徐达生了背疽，根据中医理论，这病一定要忌口，切不可吃发物。出于对老伙伴的关心，朱元璋给徐达送去了一只大补的烧鹅。

眼含泪水，徐达将整只大补烧鹅吃下，原本已经好转的病情不知为何突然加重，次年二月，徐达去世。

坊间都说，朱元璋用一只鹅不露声色地搞死了徐达，至于此事的真假，没有定论。但老朱探病送鹅的举动，确实不能不让人有所怀疑，就一起算在他身上吧。

洪武二十三年（公元 1390 年），胡惟庸都已经死 10 年了，又被朱元璋从地下扒出来当枪使，罪名升级为谋反，枪口直指李善长。

那些没有人品的大臣看透了朱元璋的心思，违心奉迎，联名弹劾李善长，一桩谋反冤案就这样被制造了出来。

朱元璋说，善长是个大功臣，应该宽大处理。于是，77 岁的李善长被赐自尽，所有家属 70 余人，尽行处斩。此后，又株连不断。

那么，胡惟庸案的前前后后，朱元璋一共杀了多少人呢？ 3 万有余！

蓝玉说，老胡，你这都是小儿科，你被剥皮了么？

洪武二十六年（公元 1393 年），朱元璋又制造了耸人听闻的蓝玉案。

并借此任性发挥，灭族一公、十三侯、二伯，受牵连被杀者多达 15000 余人。至此，明朝开国功勋几乎全部被除掉。朝廷上下人人自危，谁也不知道早上去上班，晚上脑袋还在不在脖子上。

诙谐的是，朱元璋的疯狂杀戮，却间接拯救了残疾人就业市场。

事情是这么个事情——

当时，出卖蓝玉的是一个不起眼的家奴，而且锦衣卫又无孔不入，甚至连你打呼噜的声音，朱元璋都能在第一时间得到汇报，情报之全面精准，让人胆战心惊。搞得大臣们都已经到了噤若寒蝉的地步，生怕在家里说句梦话都会走漏风声，给自已带来灭顶之灾。

被朱元璋称之为“论将之功，傅友德第一”的傅友德，翻开心中的那个小本本一看：华云龙、廖永忠、刘伯温、周德兴、蓝玉、李善长……此处省略 15 万字。

按此推算，应该快轮到自己了，虽然自已整天小心翼翼，但朱元璋会跟你讲道理？于是更加小心翼翼。

在一个月黑风高的夜晚，傅友德同事王弼前来拜访，发现老傅的仆人居然又老又丑又聋又哑，十分惊讶。禁不住问道：“哥，你是雇不起人了吗？

傅友德连忙捂住王弼的嘴巴：“嘘！嘘嘘，嘘嘘嘘！不！你什么都没有说，我什么都不知道！”

傅友德表示：兄弟，借一步说话。然后偷偷告诉王弼，这是哥花大价钱专门请来的文盲聋哑一体化服务生，好看有什么用，安全才是第一！贤弟，我劝你也赶紧去劳务市场请一个，现在这类人才稀缺紧俏，去晚了你根本请不到！

然而，傅友德小心翼翼都到了这步田地，依然没能躲过朱元璋的惦记。

洪武二十七年（公元 1394 年）11 月 29 日，朱元璋请群臣到家吃饭。当他走到门口时，看到门口那个侍卫没有按照规定佩带剑囊，当时他很生气，但是没有发作。这个侍卫不是别人，正是傅友德的儿子傅让。

席间，朱元璋表达了对傅让的不满，傅友德起身告罪，朱元璋表示诚意不够，命傅友德取了儿子人头。傅友德片刻将儿子人头献上。朱元璋表示：朕开个玩笑你就当真，你这当爹的怎么这么狠，你怎么忍心？

傅友德拔剑自刎，死前怒喷：“你不就是想要我们父子的人头吗！”

朱元璋怒气冲天：你们看看，这人敢跟我较劲，明显早有反心！来人啊！给朕抄家，男的发配辽东，女的发配云南，让他们永世不得相见！

收拾完傅友德，朱元璋打开花名册，还剩下一个——汤和。

其实汤和还是很懂事的，他和胡惟庸、蓝玉不同，没有恃功傲娇、胡作非为，更没有利欲熏心、不知进退。他是朱元璋的发小，从小就知道这个人不好相与，所以在功成名就之后，急流勇退，放弃兵权，准备颐养天年。

但朱元璋能够就此放过他吗？要知道，作为开国功臣，纵然汤和不再带兵，但影响力和威胁力仍然不可小觑。

碰巧，这个时候，汤和病了，朱元璋放下繁忙工作亲自前去探望，在一定程度上，这次探望，将决定汤和的生死。

朱元璋来到病榻前，他意外地发现，昔日英勇彪悍的大将军，如今连起身行礼的力气都没有，只能躺在床上深情地看着他，嘴角流着哈喇子。

朱元璋读懂了汤和复杂的眼神，那里面满满的都是尊重和乞求：皇上，你难道真的一个都不留吗？

朱元璋恍然想起，当年一起放牛的时候，汤和对他伏地跪拜，高呼万岁的情景，残存的人性终究使他没有狠得下心，下得去手。

洪武二十八年（公元1395年）八月，汤和病逝，朱元璋终于放心了。

毫无节制的杀戮，使朱元璋彻头彻尾成了屠夫。

保守估计，仅洪武四大案——空印案、郭桓案、胡惟庸案、蓝玉案，朱元璋就提了人头不低于 10 万。

难道杀这么多人，他的良心一点不会痛吗？非也，他也有不得已的苦衷。

也许是朱元璋这一生杀人太多，太子朱标壮年早逝。皇太孙朱允炆性情羸弱，朱元璋担心他镇不住场子，于是大开杀戒。

他，这是在为子孙后代做打算。只是，终究人算不如天算……

朱元璋万万没有想到，千防万防，家贼难防。

如果她没死，这一切会不会发生

喜欢美好的东西，是人性使然。所以，中国古代皇帝都少不了三宫六院，佳丽三千。但在屠夫皇帝朱元璋的内心深处，却始终只停留着一双美丽的大脚。

她就是是朱元璋的结发之妻，在他心里，大脚永远是不可替代的存在。她死后，朱元璋再也没有立过皇后……

那么，究竟是什么原因，能让朱元璋这样心狠手辣的人对一个女人如此尊宠呢?

听我给诸位娓娓道来。

大明孝慈高皇后马秀英，祖上本是宿州富豪，到她这一代又是独生女，掌上明珠，按道理讲，日子过得应该非常恣意。

谁知道，马爸爸“花样败家”，几代人辛苦攒下的家底，他竟然毫不心疼地拿去接济灾民和穷人，没过几年，家里的钱就让他“挥霍”得所剩无几。

后来，马爸爸又因为快意恩仇，惹上了人命官司，四处逃亡，只得把女儿交给知交好友郭子兴抚养。

只是命运的一次使然，马姑娘就从富贵人家沦落到了寄人篱下。很多人都接受不了这种逆差，因此变得自卑、消沉，或是叛逆、自弃。但马姑娘并没有自轻自贱，自我放逐。

更何况，郭子兴夫妇对待这个义女，其实还是很不错的。

善良的人，受人之恩，必然念念不忘，他人投我以桃，我必报之以李。

所以，马姑娘对自己的义父义母非常孝顺体贴，比亲女儿还要亲，只有一次，她为自己选择抗命不从——坚决拒绝裹小脚。郭子兴夫妇拿这个义女没办法，打不舍得打，骂不舍得骂，所以此事只好作罢。

后来，马姑娘到了该嫁人的年龄，正好朱元璋前来投奔郭子兴，朱元璋虽然家穷，但也是个肉眼可见的好小伙，于是，义父做主，马姑娘下嫁朱元璋。

但是，你以为朱元璋对媳妇的一双大脚真的没有看法？那个时代以三寸金莲为美。朱元璋的审美观没有问题。

后来朱元璋才知道，媳妇有一双大脚，是有多么的美好。

据说有一次，朱元璋被陈友谅打了围，身受重伤，生命垂危，马秀英二话不说，冲进战场背起丈夫就跑，那叫一个健步如飞，把将士们佩服得连声叫好。

事实上，这并不是朱八八第一次靠媳妇保命。

这事还要说到当年，朱元璋初来乍到，不知收敛，引起了郭子兴的猜疑和郭天叙的不满。于是老郭找了一个借口把朱元璋关了禁闭，小郭又偷偷吩咐下去：不许给这臭小子吃饭！

话说到这里，笔者觉得，朱元璋后来那么样对待郭天叙，似乎也有一丁点道理。

结果，不知是谁走漏了风声，马秀英得到消息以后，大步流星跑到厨房，偷出几张刚烙好的烧饼，就准备去救自己的夫郎。

结果刚出厨房，郭夫人迎面走来，马秀英不知义母是帮理还是帮亲，匆忙将烧饼塞入自己怀中。

刚烙好的烧饼，直接贴在肉上，就算糙汉子也受不了，更何况还是个如花似玉的姑娘。

郭夫人其实早看出了异样，于是反复追问，马秀英只得道出实情，在郭夫人的帮助下，马秀英第一次救了朱元璋一命。不过从此以后，马秀英的胸前就留下了一块马掌大小的伤疤，这伤疤也成了他们夫妻之间爱情的象征。

后来，他们的儿子朱标将此事绘画成像，经常带在身边，以防万一……

防什么呢？比如有一次，老朱和小朱政治意见不合，老朱操起鸡毛掸子就要揍小朱，小朱于是故意将母亲的画像掉落出来，老朱见到，顿时痛哭不已，果然也不打儿子了。

有人说，夫妻本是同林鸟，大难临头各自飞。但马秀英与朱元璋是实打实的患难见真情，不只一次的救命之恩，再心狠的男人恐怕也会感激涕零吧。

据说有一次，朱八八发现民间有人用灯谜取笑马秀英。顿时龙颜大怒，下令，附近凡挂花灯的住户全部杀死，只有七家没有挂花灯侥幸活了下来，该地因此得名“七家湾”，就是现在的南京市秦淮区。

朱元璋否极泰来，建制称帝以后，马秀英毫无疑问地当了皇后。

更难得的是，马秀英虽然发达了，但并没有任性放飞自我，而是一如既往的勤俭节约。亲自织布送给民间的光荣军烈属、失独老人和五保户家庭，被老百姓称之为千年一遇好国母。

不仅如此，马秀英堂堂国母之尊，还要亲自负责丈夫的饮食，宫女觉得没有必要，她的回答是："照顾丈夫，是妻子应尽的本分啊！再说就他那臭脾气，万一伙食不合他意，你们承受不住他发火，还是我做吧。"

与马秀英不同，朱元璋发达以后，彻底开启了复仇模式，他要想搞事，谁拦谁倒霉，只有爱妻的话他勉强还能听进去几分。

洪武十三年（公元 1380 年），太子老师、大学士宋濂硬被扯进胡惟庸案，朱元璋要将事情扩大化，准备拿老人家开刀，宋濂眼看要遭殃，幸亏马秀英及时出面救援。

马皇后表示：老百姓还知道尊师重道呢，咱们更要起带头作用，不要冤枉老先生。

朱元璋一意孤行：这次你说话也不管用！

马秀英苦劝无果，于是开始不食酒肉，为臣子祈福免灾。朱元璋心疼媳妇，也明白皇后的良苦用心，第二天便赦免了宋濂的死罪。

不仅对宋濂如此，即便是一些素未谋面的人，马秀英也会以慈悲之心竭尽所能去解救。

明初有个沈万三，特别有钱，也特别爱炫耀，丝毫不知收敛。

结果有一次，沈万三在朱元璋面前大言不惭，说要打赏军队。朱元璋很不开心，有意将他一军："朕有雄兵百万，你能全部打赏吗？"

谁知沈万三没有听出老朱的话外之音，洋洋得意地说："我不缺钱，一人一两，我出得起！"

跟领导抬杠，纯粹是屎壳郎打灯笼——找死！

朱元璋说，沈万三这个人啊，朕觉得他是个乱民，杀了吧。

这时候马秀英又站了出来，说沈万三是有点膨胀了，但他没有犯法，杀他没有道理。朱元璋听媳妇的话，又没杀沈万三。

马秀英一生慈悲为怀，哪怕到了生命的弥留之际，仍然不忘替别人着想。

洪武十五年（公元 1382 年），马秀英病倒，朱元璋下令全民祭祀，为皇后祈福，并亲自煎药，悉心照料。

谁承想，马秀英竟然坚决不服药。难道她不想活了吗？非也。她害怕御医无力回天，以朱八八的臭脾气一定又要大开杀戒——她不希望自己心爱的丈夫背上滥杀无辜的恶名，也不希望无辜的医生们为自己做无谓的牺牲。

洪武十五年（公元 1382 年）八月，一代贤后马秀英，“终不服药而崩”。临走之时，她留给丈夫的最后一句话是：“愿陛下求贤纳谏，慎终如始，子孙皆贤，臣民得所而已……”

这个女子，一生仁慈，一生都在为丈夫考虑，为孩子考虑，为臣子考虑，为重犯考虑，为天下苍生考虑，可是直到走到生命的尽头，仍然没有考虑自己。

那一刻，杀人不眨眼的朱元璋失声痛哭，寸断肝肠：

从此后，万丈红尘，我独自行走。

为了表达对妻子的一片忠诚和思念，朱元璋终其一生再未立后，他心中的妻子和皇后只有一人——美丽的大脚马秀英……

明孝慈高皇后马秀英，完美诠释了中国几千年传统意义上的女子美德——爱该爱的人，做想做的事，哪怕付出所有。

在笔者看来，像马皇后这样的女子，配得上所有人的爱……

后世不少史学家都认为，正是马皇后的离去，令朱元璋彻底陷入疯狂，倘若她还在，洪武后期也许不会发生那么多惨案，蓝玉案也许根本就不会发生……

公元 1398 年 6 月 24 日，大明开国皇帝朱元璋带着对爱妻的深切思念，驾崩于南京故宫，他们终于可以在另一个世界团圆了。

朱元璋死前，遗诏命皇太孙朱允炆继位，史称建文帝。老朱刚死不久，他的四儿子朱棣就发动了靖难之役。

笔者想说的是，靖难之役中，如果刘伯温、傅友德这样的能臣武将还有一两个活着，历史都很有可能被改写。

篇三

我比允炆更有资格做继承人

张信妈妈表示：你爹活着的时候，夜观星象，昼观太阳，发现燕京王气逐渐浓郁，把蓝天白云长期屏蔽，又总说燕王贵不可言，所以你切不可草率，别给咱们家招来灭族之灾！

张信也是个妈宝男，越想越觉得妈妈的话很有道理，思来想去，决定去燕王府告密。

……

……

建文四年，皇后自焚引发的迷案

建文四年（公元 1402 年），南京城内，皇宫大院火光冲天，空气中弥漫着一种令人毛骨悚然的味道……

燕王朱棣带人冲进皇宫，与烈火浴血奋战，随即四处寻找纵火者，然而，一无所获。

谁是纵火者？他又是怎么逃脱的？后一个问题已经成为历史谜题。

当火势渐熄，内宫惊现几具面目全非的尸体，其中一具尸体的身份，据后世考证，正是大明第二代皇后马恩慧。

皇后横死！千古奇事！现在，波谲云诡，迷雾重重——这里到底发生了什么事？谁是这场血案的制造者？她的丈夫朱允炆在哪里？

现在，就让我们从这具女尸的身份说起，去还原整个事件的真相。

马恩慧，出生在安徽凤阳，和明朝开国皇帝朱元璋是同乡。

上任皇后马秀英去世后，皇帝开始失控，好杀成性，整个明皇宫被一种肃杀的气息所覆盖。他，太思念妻子了！

以至于他希望自己的皇孙朱允炆也能找到这样一位贤妻，辅助他光大社稷。

洪武二十八年（公元 1395 年），人选找到了，也姓马，想必是老皇上爱屋及乌吧。

曾几何时，能娶到一位姓马的媳妇，是多么荣耀的事情啊！

马恩慧进宫前，母亲大人千叮万嘱：做帝王家的女人，一定要事事小心。

她有些害怕——这是命运的恩赐，还是噩运的绑架？但又有什么办法？要娶她的可是帝王家。

她只有在心里一遍遍告诫自己：慎独慎微慎欲慎初，差池一步，万劫不复。

大婚那天，朱允炆竟然亲自跑来迎亲，这对她那位做五品闲职的父亲来说，可是给了莫大的面子，对她来说，又何尝不是？一个男人，拥有如此崇高的地位，却依然懂得尊重媳妇，这样的男人值得依靠。

马恩慧泣别父母，罩上盖头，依依不舍地坐上了轿辇。

她很快就发现，朱允炆和他的祖父朱元璋完全是两个世界的人。

在朱元璋面前，允炆是一个彬彬有礼的至孝贤孙，但每当祖父举起屠刀，他都会流露出隐隐的不满和不忍。她还发现，他非常善良，是儒家学说的忠实拥趸者。这让她又喜又忧。

喜的是，丈夫将来极有可能是位仁君；忧的是，善良如果没有锋芒，最易受伤。

现在的允炆，与其说是个男人，不如说是个大男孩。允炆与他那几位如狼似虎、谋略过人的叔父比起来，似乎总是缺少点什么。不过，毕竟他还太年轻，假以时日，脱离了祖父的照拂，他会真正成熟。

她觉得，自己也需要成长，皇家的规矩虽然多，情况更复杂，要求更苛刻，但相比当初宅在家里的安逸日子，这里更利于一个皇后的成长和成熟，不是吗？——所谓成长，就是去接受任何在生命中发生的状况。即使是不幸的，不好的，也要去面对它，解决它，使伤害减至最低。

他们结婚的第二年，长子朱文奎出生了，如果不出意外，若干年后，他也会继承大统。

她这辈子，不仅要学习怎样做一个好皇后，可能还要学习怎样做一个好太后。

洪武三十一年（公元1398年），朱元璋驾崩，朱允炆登基，马恩惠顺理成章做了皇后。

抛开皇爷爷的死不说，这是天下的喜事，只是她心里越来越忧虑：允炆根本没有足够的经验，他能当好这个皇帝吗？

允炆新政，到底动了谁的“蛋糕”

新皇登基，这对人民群众来说，是喜闻乐见、奔走相告、点花放炮的好事情，因为随之而来的，往往都是减免赋税、大赦天下，但这件事的主角朱允炆此时却是愁眉不展。

朱允炆的愁并非没有来由，因为有两个极为严重的历史遗留问题此时正困扰着他：

第一，如何才能改变皇爷爷以一己之力营造的紧张政治气氛呢？朱允炆和他爸爸朱标性格很相像，秉持的是怀柔治国的理念，这与朱元璋“不听话就杀掉”的政治路线截然相反。可是，如果一上台就将爷爷的治国之策全部推翻，这不光是在狠狠地打爷爷的脸，也是新君继位的大忌。

第二，皇爷爷死前，把叔叔们都封了王，给地盘给兵权。他老人家又是皇帝又是爹，一言不合就能举刀，叔叔们只能乖乖听话。可叔叔们明显不服我朱允炆啊！这要是哪位叔叔心血来潮造个反，还不引起连锁反应，一反皆反，瞬间天下大乱？那么，我要怎么处理和叔叔们之间的关系？换句话说，我怎么才能不露声色地把他们手中的权力要回来，让他们心甘情愿做个逍遥王爷，快快乐乐颐养天年？

这些的确都是问题，毕竟没有哪个王朝可以靠高压政策维持长治久安，也没有哪个王朝藩王权重还不乱的。朱允炆此时无法顾及爷爷在九泉之下的感受，作为君王，他必须对大明江山、黎民百姓负起责任，作为父亲，他必须留给儿子一个天下太平。基于以上两点，朱允炆在经过一番细致谋划以后，实施了“建文新政”。即重用文人，以仁义礼治为指导思想，减轻税负，平反冤狱，精减机构，更变官制，锐意削藩。

朱元璋是个马上皇帝，骨子里有根深蒂固的尚武精神，因而他治国时，国家自然而然地形成了尚武局面。大名鼎鼎、功勋赫赫的开国重臣刘伯温，到死也只是个“诚意伯”，而和朱元璋一起并肩打架的那帮老伙计，封公封侯者比比皆是，封王者也不在少数。不仅如此，朱元璋还在《大明律》中明文规定，文官一律不准封公侯。文人在朱元璋时代，怎一个惨字了得。

朱允炆对爷爷的做法很不认同，他觉得，乱世应该重武将，治世还需靠文人，没听说过哪个王朝靠一帮武将整天打打杀杀来维持数百年国运的。所以朱允炆刻意结束爷爷的尚武政风，大力加强文官在国家政事中的作用。

朱允炆的想法本身没有很大问题，但他的做法出现了很大问题。

朱允炆实施新政以后，国家大事皆听方孝孺、黄子澄，齐泰指点，他们都是孔孟门生，主张“三代之英，周孔之道”，简单说，就是把国家政制、官制等等，调回到2500多年前的西周模式。这不是在开历史的倒车吗？

一个国家，治国需文，护国需武，只有文武并重，才能繁荣昌盛，保障国家和国民平安喜乐，不受外人所欺。朱允炆的做法，显然是顾此失彼了。

于是，武将们开始抱怨，朝中也开始出现一些风言风语，说皇帝对书呆子言听计从。

朱允炆置若罔闻，将三人的官职一升再升，让他们站在了权力的巅峰，导致整个国家的发展规划非常理想化，与朱元璋定下的治国模式完全背道相驰。

可能是门派之别，成见很深，方孝孺等人全力推动朱允炆实施了一项宗教打压政策——增收佛教与道教的土地使用税，这同时将两大门徒遍地的宗教彻底得罪了。他们对皇帝意见很大，转而去追随威望和势力都很强大的燕王殿下。

这其中有位决定历史轨迹的人物，叫姚广孝。

眼见自己的措施适得其反，齐泰、黄子澄又力主朱允炆削藩，试图全面废除藩王的军事与政治权力。

这是灾难的真正开始。

大侄子，叔疯了还不行吗

此时，燕王朱棣端坐在北京的燕王府里，思绪回到那遥远的从前。

公元 1360 年，朱棣降临人间，当时鲜血遍地，战火连天。

朱棣的生母是谁，到现在都是一个谜。

这对朱棣来说，实在是个悲惨的遭遇，不过，这也给了他钻空子的契机。

朱元璋称帝以后，朱棣的生活质量并没有得到提升，17 岁的他被安排去了凤阳，接受再教育。

朱棣没有怨天，也没有尤人，相反，他觉得是天将降大任于斯人。后来，朱棣经常跟自己的孩子们提起这段经历。

4 年后，朱棣从“凤阳农大”毕业，就藩燕京（北京），但生活仍不允许他平静。

朱元璋两次命他率军北征，虽招降了蒙古乃儿不花，生擒北元大将索林帖木儿，军功卓著，但也是刀口舔血，九死一生。

他用生命，在守护大明。

朱元璋晚年，太子朱标、二子朱樉、三子朱棡先后去世，排行老四的朱棣无论在实力上，还是尊序上，都成了诸王之首。

按理说，朱棣本该被立为王储，但群臣表示“不可以！”

朱元璋死后，朱允炆继位。

朱允炆也不跟大家商量一下，就开始真刀真枪地消撤藩王。兄弟们相继被贬为庶民，湘王更是被逼得全家自杀。

朱棣说我忍，我不会将手中的刀指向亲人！

然而，忍一时风雨加剧，退一步步步紧逼。

朱允炆显然没有想过对他网开一面，还在他身边埋下眼线，只要他稍微有差池，可能就会直接去跟湘王见面。

面对重重危机，朱棣认识到决不能再坐以待毙，他想到了一个锦囊妙计——薛定谔的疯。

于是有一天，北京方面突然传来一条爆炸性的消息：燕王疯了！

在北京街头上，人们看到，燕王朱棣披头散发，奔跑狂呼，一会儿跟叫花子抢食，狼吞虎咽；一会儿又跟流浪汉抢地盘，躺在街边、沟渠里呼呼大睡。他整日胡言乱语，经常当众撒泼打滚，又蹬又踢……

被朱允炆派去监视朱棣的官员听闻此事，就带着部下前往燕王府一探虚实。那是六月，朱棣坐在火炉旁，瑟瑟发抖，口中不住喊冷。

官员将所见所闻汇报给朱允炆，对此，朱允炆表示：四叔，你这招都被用烂了！

为了保命，为了彻底麻痹朱允炆，朱棣决定来个更狠的！

朱棣疯狂地跳入猪圈，抓起猪粪就往嘴里面塞，吃得津津有味。虽然这个狠招很早以前也有人用过，比如勾践、孙膑，但仍然有用，毕竟对自己太狠，由不得别人不信。

不瞒你说，你侄子让我暗中弄死你

南京城内，明皇宫里，朱允炆眉头深锁，他对四叔的疯病将信将疑，甚至还迸发出了一点同情心理。

现在，削藩对他来说势在必行，但好几位叔叔被贬为庶人，甚至没了性命，这违背他“以仁治国”的初衷，使他心痛。如今，他也迷茫了，他也不知道，自己是对还是错。

现在，连四叔也被自己逼疯了。那么，要夺走他的权利，是不是应该给他一些安慰，弥补一下他的损失呢？想来想去，朱允炆决定放回朱棣留在京城做人质的三个儿子。

嗯，这叫打一巴掌给一颗甜枣。

原本事情到了这里，似乎可以暂时平息。

但是，有个人跳出来搅局——燕王府长史葛诚反水，向朱允炆打小报告：燕王是装的！他是一头深水狼！

允炆震怒之下，密诏燕京都司张信缉拿朱棣，但张信的妈妈说不可以了！

张信妈妈表示：你爹活着的时候，夜观星象，昼观太阳，发现燕京王气逐渐浓郁，把蓝天白云长期屏蔽，又总说燕王贵不可言，所以你切不可草率，别给咱们家招来灭族之灾！

张信也是个妈宝男，越想越觉得妈妈的话很有道理，思来想去，决定去燕王府告密。

朱棣理所当然地把张信当成朝廷密探，以“我有病”为由一再拒绝接见。张信也很固执，不管你怎样拒绝，我都坚持要见你，直到把你感动为止。而朱棣，也终于被感动了。

燕王府中，面对仍在装疯卖傻的燕王，张信直截了当地告诉他：王爷，你这戏早就演砸了！不瞒你说，你侄子已经暗中吩咐我杀死你了！

朱棣惊出一身冷汗，疯病瞬间就好了……

事情到了这一步，双方都不再有退路。因为朱元璋曾留下祖训：“朝无正臣，内有奸逆，必举兵诛讨，以清君侧。”朱棣便以“清君侧，靖国难”为名，指齐泰、黄子澄为奸臣，须加诛讨，向他的真爱——皇位——发起猛烈进攻！

建文元年（公元 1399 年）七月，燕王朱棣发文昭告天下，郑重表示：皇帝身边有奸臣小人！咱们的皇帝虽然聪慧，但毕竟少不更事，不能完全地、正确地分辨是非，无法透彻地、清晰地分辨好人坏人。我有责任也有义务帮助当今圣上清除身边的小人！天下的英雄好汉们，你们如果愿意效忠大明王朝，就和我一起高举义旗，为大明王朝尽一份绵薄之力吧！

这话说的很有水平，这出兵理由也很充分，完全把自己的造反行动包装成了正义之举，连跟正统皇帝打架听起来好像都名正言顺，人们恍惚觉得，燕王出兵，真的是为了大明江山和天下百姓……相比之下，朱允炆不计后果地大力削藩，倒让人觉得六亲不认、冷血无情了。

这一番博弈，高下立见。不得不说，姜还是老的辣。

昭告天下后，朱棣随即起兵，迅速攻下了北京以北的居庸关、怀来、密云和以东的蓟州、遵化、永平（今河北卢龙）等州县，扫平了北京的外围，排除了后顾之忧，史称“靖难之役”。

李景隆是四叔派来的卧底吗

皇宫后院，朱允炆眉头紧锁，他对皇后说，我悔不该没听徐辉祖的建议。

徐辉祖是徐达长子，朱棣的妻兄但他这个人忠君不偏亲，对皇帝高度忠诚。

当时，时逢朱元璋忌日，朱棣遣朱高炽、朱高煦、朱高燧三子进京，名为吊孝，实则是为打消朝廷猜忌，送为人质。

朱棣装疯，朱允炆动了恻隐之心，要将三子送回，徐辉祖第一个站出来阻拦，他说：“我这三个外甥没一个是省油的灯，尤其是老二朱高煦，不仅对您不忠，对他爹也没安好心，他日必成大患，切不可放虎归山！”

朱允炆表示，要不我再问问别人意见？于是又询问徐达四子徐增寿的意见。徐增寿与姐夫平时玩的较好，感情不错，自然为姐夫大说好话，于是三个质子就这么轻易给放了。如此一来，朱棣再动手，完全没有了后顾之忧。

朱允炆现在很后悔，但去哪里买后悔药呢?

现在，四叔主动约战，朱允炆退无可退，避无可避，真正的挑战来了。

只是，到了这个时候，朱允炆还不忘记他的妇人之仁。

大军出征伐燕前，朱允炆当众强调："一家人打仗要点到为止，你们和燕王打仗时切记这一点，不要使朕背负杀叔之名。"

朱允炆是个老好人，他明令诸将不得伤害燕王，相信是真心话。但他没想到，这句话直接关系到这场战争的胜败。俗语说，"擒贼先擒王"，只有消灭了敌人的首领，才能彻底战胜敌人。朱棣造反全靠他个人的威信，如果他死了，"靖难之师"便失去了灵魂，燕军便会不战自溃。朱允炆在将士出征前说出这样的话，无疑给朱棣提供了保护伞，使将士面对朱棣时不敢放手一搏。

于是，朱允炆的政府军擒贼不敢先擒王，数次纵容朱棣死里逃生。

比如在东昌之战中，燕师大败，主将张玉战死。燕师败退时，朱棣独自一人就敢殿后，追者数百人就是不敢对他动手；在滹沱河之战中，朱棣竟然在敌军阵地中野宿，被发现后又穿营而过，如入无人之境，没有一个人敢对他刀箭相加，眼睁睁看着叛军领袖扬长而去。

朱棣起兵后，朱允炆首先想到的是开国功臣中硕果仅存的耿炳文。

朱允炆对外宣称，耿将军统领 30 万大军，誓将燕王叛军踏平！其实只给了耿炳文 13 万人。

耿炳文碰上士气正盛的燕军，首战败北，在开局不利的情况下，他迅速适应环境，调整部署，坚守正定，不与叛军正面对抗。

这个策略很高明，燕军虽然战斗力强，可终究是叛军，名不正言不顺，不能获得道义上的支持。同时奔袭作战，后勤保障跟不上，难以持久。假以时日，势必会被拖垮。

聪明的朱棣当然知道耿炳文心底的猫腻，只是象征性地围攻三日，便带着大军撤离。

然而，朱允炆却听从了黄子澄的建议，以耿炳文打败仗为由，临阵换将，任用李景隆为大将军。

李景隆是开国骁将李文忠的儿子，除了长得好看，并没有继承他爹多少优良基因，活脱脱就是纨绔二代一个，最擅长的就是夸夸其谈和纸上谈兵。

就这样的草包，朱允炆给了他60万大军，让他搞定如狼似虎的朱棣……

接着，战报不断传来……

传讯兵："禀陛下，李景隆败了！"

朱允炆："没事，胜败乃兵家常事。"

传讯兵："禀陛下，李景隆又败了！"

朱允炆："无妨，失败乃成功之母。"

传讯兵："禀陛下，李景隆再次大败！"

朱允炆："不气我不气，从哪里跌倒就从哪里爬起。"

传讯兵："禀陛下，李景隆惨败了！"

朱允炆："李景隆他是四叔派来的卧底吗？！"

李景隆一路溃败，折损兵马大半，危急关头，他又抛下物资，连夜奔逃。从那以后，朱允炆的军队再也没有发动起像样的主动进攻……

论杀人，朱棣和他老子不相上下

马恩惠知道，当男人遇到困难时，不去抱怨，不给他添乱，就是最好的陪伴。此时，正是丈夫最需要自己的时候。

这段时期，他们夫妻之间的对话由情话变成了战争，悲伤与愤怒的气氛弥漫其中。而唯一能够让丈夫露出真心微笑的，是马恩惠渐渐隆起的肚子。

转过年来，那个被逼入燕王阵营的姚广孝给朱棣提出了一条非常恶毒的建议——轻骑挺进，径取南京，帝都危矣！

此时，一直不被朱允炆信任的徐辉祖却在齐眉山让朱棣吃了瘪，打得燕军一听到“徐辉祖”三个字，就惊惶失措。然而，正当徐祖辉想趁着士气大振再接再厉扩大战果时，一道诏书把他调回了南京。

说到底，还是信任问题，就因为徐辉祖是朱棣的亲戚。兵法有云：“用人不疑，疑人不用”，朱允炆犯了兵家大忌！

徐辉祖刚走，朱棣就趁机反扑，总兵何福被迫撤退，淮北官军孤立无援，政府军的粮饷尽落燕军之手。朱棣的势力再一次死灰复燃，局势彻底被逆转。

朱允炆，大势已去。

仗打到这个程度，政府军已经彻底没了士气。

朱棣以区区燕地一方土地，以及从弟弟宁王那里坑来的朵颜三卫，大战全国兵马，竟然成功了，这样的超常发挥在历史上也是绝无仅有的。

眼见燕军即将兵临城下，朱允炆只好派人去和四叔谈判，提出“南北分治”的屈辱建议。

朱棣大手一挥，断然拒绝：我就要彻底“清君侧”，我这是为了祖宗基业。

破屋偏遭连夜雨，船破又遇顶头风！此时此刻，政府军内上演了一出又一出的反水大剧。

——原本派去阻击燕王的军队，临阵倒戈，燕王渡江，不费吹灰之力。

——备受朱允炆信任的心腹、接连战败却惩罚甚轻的李景隆，伙同谷王朱橞打开城门，像迎接凯旋英雄一般迎接了燕王。

南京城，彻底沦陷。

皇家后宫，马恩惠听闻丈夫要火烧皇宫，知道一切已成定局。

她劝朱允炆逃走，朱允炆不置一词。

她决定以死殉国，她不能像马秀英皇后那样辅佐丈夫光大社稷，也要为丈夫尽最后一点力。

据说，朱棣来到宫里，幸存的太监宫女指着马恩慧的尸体说：“这就是建文帝！”

朱棣将信将疑，从此，朱允炆的下落成了一个谜。

有人说朱允炆于宫中自焚而死，或云朱允炆由地道逃出，落发为僧，云游天下，传说他于正统朝入居宫中，寿年而终。总之，朱允炆的真正下落已不可确考，成为明史上的一大悬案。

朱棣顺势登基，建号永乐，史称永乐大帝。持续四年的靖难之役来到结局。

当上皇帝的朱棣，大肆杀戮曾为朱允炆出谋划策及不肯迎附的文臣武将。齐泰、黄子澄、景清等被整族整族地杀掉。有“读书种子”之谓的方孝孺，因不肯为朱棣撰写即位诏书，九族全诛，这还不是全部，又将其朋友门生作为一族全部杀掉，十族共诛 873 人。这次清洗极为残酷，共有数万人惨死于朱棣的屠刀之下。

论杀人，朱棣和他老子不相上下。

眼见京城失陷，皇帝不见，事实已定，无力回天。幸存的官员皆"识时务为俊杰"，纷纷前去叩拜朱棣。

唯独不被信任的徐辉祖，待在父亲徐达的祠堂中，宁死不从。

朱棣亲自来招降，但在徐辉祖的心里，忠义第一，荣华富贵皆为过眼烟云而已。

朱棣虽然杀人无数，但面对自己的妻弟却不敢下手，毕竟还得顾及他姐的感受。结果被徐辉祖弄得脑壳比南瓜还大，最后决定——"法司，秉公执法，朕绝不徇私枉法！"这是准备让法司那帮人替自己杀妻弟这件事背锅了。

法司给徐辉祖纸笔，让他交代罪行，徐辉祖挥笔直书——中山王开国功臣子孙免死！——就这么理直气壮！

没办法，这是朱元璋许下的承诺，当年特赐免死铁券一张，就算是朱棣，此时也不敢违逆父意。

朱棣无奈，将徐辉祖革职，禁锢在家中。永乐五年，徐辉祖郁郁而终。

朱允炆和马恩惠的第二个儿子朱文圭成了最无辜的牺牲品。

他从两岁起被朱棣圈禁，成为"建庶人"，经历几任皇帝更替，直到 55 年后才被放出。但因为长期的封闭生活，以至于连牛羊都不认识，没过多久，他就离开了这个几乎一辈子也不懂的世界。

而他的母亲马恩慧，一直以朱允炆的身份被葬在寝陵之中，直到南明时期，才被追封为"孝愍让皇后"。

她就像一颗流星，匆匆划过人间，但她的故事，在肉眼看不到的轨迹里，继续前行。

这场造反，居然促成了一段盛世

朱棣登基以后，一面排除对自己的不利因素，一面励精图治。

他虽以“清君侧”为名发动政变，但谁不知道他是造反？朱棣要想给自己洗白，首先必须否定朱允炆统治的合法性。

因此，朱棣登上皇位以后，几乎将建文时期的档案销毁殆尽，并禁止关于建文时期的所有讨论。

他既不给朱允炆应有的谥号，也不承认建文年号，把建文四年（公元 1402 年）改称洪武三十五年，表示他不是继承侄子的皇位，而是直接接了自己爸爸的班。

从此，一些人被从历史上暴力抹去，他们的生命仿佛朝露昙花，他们的生命被迫停止在了皇宫失火的那一刹那。

但是，他们的故事从未静止，也不会静止。

纵然朱棣连番操作，但当时社会上仍有很多人认为他就是“篡位”，于是，为了进一步强化自己执政的正统性，朱棣宣称自己就是马皇后的亲儿子。这样他的身份就是朱元璋的嫡子了。

我们知道，朱允炆登基时，朱元璋的长子、次子、三子（都是嫡子）都已早逝，如今朱棣把身份改了，他不就是仅有的、朱元璋的嫡长子吗？这样朱棣登基不就名正言顺多了吗？

为了达到最佳的舆论宣传效果，朱棣多次篡改史书，以至于现在我们也不能确定他的生母是谁。民间说法也是五花八门：有人说朱棣生母是元顺帝的妃子，有人说他的生母是高丽人……不过，朝廷太常寺的记录可能在无意间暴露了真相。

太常寺是专门负责皇家祭祖的机构，《太常寺志》中曾提到，在明朝祖庙中，太祖朱元璋的牌位下边，正中间是马皇后，左边是一个淑妃的牌位，以及其他妃子的牌位，但是右边却只有一个碽妃的牌位，地位很特殊。于是有人分析，这个碽妃就是朱棣的生母。

不过，朱棣从来不让人进这个祖庙，所以大家也不知道书中记载是否真实。一直到明朝灭亡以后，福王朱由崧在南京建立了南明政权，当时有两个权臣觉得天下大乱，也没人管，于是就斗胆偷看了祖庙牌位，果然和书中记载一模一样。于是，朱棣生母是碽妃似乎被证实了。

朱棣在靖难之役中，得到了南京朝中太监的通风报信，可以说太监是对社稷有功的，所以他在位期间，很是重用太监，太监的势力在永乐朝也得到了充分发展。大名鼎鼎的东厂，就是在这一时期建立起来的。

东厂是一个特务机构，由皇帝最信任的太监做首脑，专门给皇帝搜罗情报。这样的情报机构比西方的情报机构要早500多年。不过，这也为后来明朝的宦官专权埋下了祸根。

朱棣虽然是藩王出身，又是因侄子削藩而起兵，但他也深知藩王势力太盛会给中央政府造成巨大威胁。所以在做了皇帝以后，直接就开始削藩，藩王或被迁徙，或被贬废，逐步丧失了手中的权力。

不过，朱棣也不是没干好事。

他在位期间，五次亲征蒙古，迁都当时战乱频发的北京，促进了中国版图的统一和完整。用实际行动为后世子孙做出表率——什么叫天子守国门!

他还特别注重航海事业，多次派人去西洋探险，不仅宣扬了国威，同时也把中国人热爱和平的观念传播给了世界，依附于明朝的藩属国越来越多。

然而有人猜测，朱棣数次派郑和下西洋，真实目的是为了寻找朱允炆。

他还命人编纂了《永乐大典》。这是一部百科全书式的典籍，包括了先秦以来的所有经典，这样的典籍客观上备份了古籍，使很多史书不至于失传。

然而，《永乐大典》在成书后的600年时间里却屡遭损毁。

明世宗嘉靖年间，北京皇宫遭遇了一场大火，三大殿都被烧毁，差点殃及《永乐大典》。事后，嘉靖皇帝让人誊抄了一部《永乐大典》，于是这套经典之作总算有了一份副本。

后来，由于明末的战乱，《永乐大典》丢失一部分；到了清朝，很多官员觊觎该书，找机会从宫里往外偷，又丢失了一部分；到了清末，列强入侵中国的时候又丢失、毁坏了一部分。中华人民共和国成立以后，虽然西方国家陆续向我国归还了一部分，我国也通过各种渠道寻回一部分，但现在，国内保存的《永乐大典》一共也就60余册了。

从上万册到60余册，《永乐大典》的遗失实在令人惋惜。不过，人们发现，丢失的这部分都是嘉靖皇帝命人誊抄的那套副本，历史上，从明朝嘉靖年开始，就没有人提到过朱棣命人所编纂的那套原版《永乐大典》去了哪里。有人考证后认为，嘉靖皇帝特别钟爱《永乐大典》，很可能把它带进棺材里了。

客观地说，朱棣在位期间，国家繁荣，百姓太平，是不折不扣的“永乐盛世”。如果没有“靖难”这段不光彩的经历，朱棣称得上是一位难得的好皇帝。

篇四

令人发指
——应运而生的明朝恐怖特务组织

朱棣一看，这人还真有勇气，敢直接拦截他本人，就说“开始你的表演吧”。大汉扎稳马步，气沉丹田，一通武武玄玄，靠实力征服了朱棣，当即被朱棣留下，收为帐下亲兵。

没想到，这个亲兵后来竟然成长为令人谈之变色的特务头子，造下了无数杀孽。

……

……

为防万一，朕需要一批“私人警察”

所有君权倚仗的支撑，都有阴阳两面。

寻常人看到的，是暴露在阳光下的，正规的国家机器依照律法按部就班地发挥着它的显性作用，维护着君主设定的秩序与公正形象。

而君主内心幽暗的想法，则往往要依靠那些超越了正常规则的潜势力来完成。

于是，在很多特殊历史时刻，一群神秘人物成了历史真正的主角，他们有时也会惩奸除恶，但更多的时候，扮演的都是神秘、阴鸷、诡异、忽明忽暗、不辨忠奸、惟君所欲的角色。

但是，尽管他们是恐怖的代名词，尽管他们更多的时候在遭受唾弃，但我们必须承认，他们是历史不可或缺的一个部分，甚至在某些尖峰时刻，他们一不小心就改变了历史的进程。

他们的名字，叫特务组织。

明朝赫赫有名的锦衣卫，就是这样一个特务组织。这个特务组织的设立，还是要从朱元璋说起。

朱元璋这个人生性多疑，非常多疑，总觉得有人要害自己，尤其在当上皇帝以后，被朝中大臣们影响，更是缺乏安全感，怕下属对自己不忠、不利，更担心费尽心思得来的江山与荣华富贵被别人抢去，因而他时时处处对除皇后之外的任何人都充满了戒心。

他不仅要求臣子们在朝堂上对自己心服口服，毕恭毕敬，言听计从，忠心不二，就是人家下班回家，他也想人家的一举一动、一言一行尽在自己的掌控之中。为此，朱元璋煞费苦心，派出密探四处巡查，力求在第一时间掌握所有大臣的动向。

然而，仅仅派亲信四处刺探，显然还无法对群臣构成足够的威慑，这不是朱元璋想要的效果，他最想看到的是，下属们连吃饭睡觉上厕所时都对自己保持足够的忠诚。这个想法可以说前无古人，就算曾经有人这样想过，但也没有这样做，只因为操作起来难度系数太大！

然而朱元璋是何人？古代帝王中手段最厉害、最恐怖、最不讲道理的整人专业户。只要是为了整人，难度再大，他都会想办法克服。虽然他没文化，但在整人这方面，他绝对是专业的。

专业整人者朱元璋每天为此事冥思苦想，为此消得人憔悴。

这天，朱元璋坐在书房里，心烦意乱地看着他半懂不懂的历史书，读到汉武帝时期，一个官名令他眼前一亮——绣衣直指！

简单来说，“绣衣直指”汉武帝时期一个非常黑暗的特务组织，但也只是一个雏形。这个组织的主要工作内容就是帮助刘彻镇压、构陷、杀戮反对他的人，他们不但诛杀反抗者，连自己人也不放过，只要刘彻默许，他们就敢肆无忌惮地行动。

看到这里，朱元璋终于眉开眼笑了：这是个好东西啊，我怎么没有早点知道呢。汉武帝可真是个人才！

在前辈的指点之下，朱元璋灵感迸发，很快就建立了个加强版的“绣衣直指”，连名字都盗版——锦衣卫。

洪武十五年（公元 1382 年），锦衣卫正式挂牌。锦衣卫的老大称指挥使，首任指挥使由朱元璋的心腹小兄弟毛骧担任，毛骧带领锦衣卫要做的第一件事，就是替朱元璋找到屠杀大臣的理由。这个理由在毛骧看来其实很好找，就两个字——谋反。和谁谋反呢？——和胡惟庸。此处省略几万人名。

不过，所谓“狡兔死走狗烹”，毛骧为朱元璋制造“胡惟庸案”做出了很大贡献，事后，朱元璋为了控制舆论，缓和朝堂紧张局面，以胡惟庸余党的罪名，把毛骧也杀掉了。

明朝初期，锦衣卫名义上的职能是——“掌直驾侍卫、巡查缉捕”，一个顿号，基本上把锦衣卫分成两个截然不同的部门。

负责执掌侍卫、展列仪仗和随同皇帝出巡的锦衣卫，基本上与传统的禁卫军一样，其中比较著名的为“大汉将军”。这些人虽名为“将军”，其实只负责在殿中侍立，传递皇帝的命令，兼做保卫工作。直白来讲，就是在皇宫大殿上的桩子。当然，这些“桩子”也非等闲之辈，一般都是牛高马大、虎背熊腰之人，而且中气十足，声音洪亮，从外表上看颇有威严，对不了解明廷底细的人有一定震慑作用。“大汉将军”在锦衣卫中自成一营，初期约有 1500 人，到明末，由于官僚机构的膨胀，大汉将军也一度增加到 5000 余人。

至于“巡查缉捕”这个部门，它正是锦衣卫区别于其他各朝禁卫军的特殊之处，也是为什么人们能够牢牢记住锦衣卫的原因。负责侦缉刑事的锦衣卫机构是南北镇抚司，其中北镇抚司专理皇帝钦定的案件，拥有自己的监狱（诏狱），可以自行逮捕、刑讯、处决人员，不必经过一般司法机构。这帮人实际上就是皇帝的私人警察。

南北镇抚司下设五个卫所，其统领官称为千户、百户、总旗、小旗，普通军士称为校尉、力士。校尉和力士在执行缉盗拿奸任务时被称为“缇骑”。缇骑的数量，最少时为 1000 人，最多时多达 60000 之众。锦衣卫官校一般从民间选拔孔武有力、无不良记录的良民入充，之后凭能力和资历逐级升迁。同时，锦衣卫的官职也允许世袭。

朱元璋和朱棣，由于登基的特殊性，对皇权的维护有其他君主没有的强烈欲望，这就使锦衣卫“巡查缉捕”的职能被无限度扩大。一般来讲，锦衣卫的工作只限于侦察各种情报、处理皇帝交付的案件，但如果遇上野心大、心肠狠的指挥使掌权，就会利用职务之便不遗余力地制造事端，既可以打击异己，也可以作为自己升迁的资本。

如朱棣时的纪纲、朱祁镇时的逯杲、朱厚照时的钱宁等，他们掌权时，特务四出，上至宰相藩王，下至平民百姓，都处于他们的监视之下，对他们的命令只要稍有拂逆，就会家破人亡，全国上下笼罩在一片恐怖气氛中。

那些时期，臭名昭著的北镇抚司大牢中更是关满了各种各样无辜的人，死于锦衣卫酷刑之下的正直人士不计其数。更为可怕的是，这种恐怖的氛围，与武则天时期的短期出现不同，终明一朝几乎是绵绵不绝。这种无节制的滥捕极大地影响了皇帝与下属之间的关系，使百官、民众、军队与皇帝离心离德，所以有人说明朝不是亡于流寇，而是亡于厂卫，是有一定道理的。

锦衣卫另一项著名的职能就是“执掌廷杖”。廷杖是皇帝用来教训不听话的下属的一项酷刑，一旦哪位官员触怒了皇帝，被宣布施以廷杖，他就会在大庭广众之下立刻被扒去官服，反绑双手，押至行刑地点午门。在那里，司礼监掌印太监和锦衣卫指挥使一左一右早已严阵以待。受刑者被裹在一块大布里，随着一声“打”字，棍棒就如雨点般落在他的大腿和屁股上。

行刑者一般为锦衣卫校尉，他们都受过严格训练，技艺纯熟，能够准确根据司礼太监和锦衣卫指挥使的暗示来掌握受刑人的生死。如果这两人两脚呈八字形张开，表示可留杖下人一条活命；反之，如果脚尖向内靠拢，则杖下人就只有死路一条了。杖完之后，还要提起裹着受刑人的布的四角，提起后再重重摔下，此时布中人就算不死，也去了半条命。廷杖之刑对读书人来说，伤害性很强，侮辱性更大，他们一旦受刑，肉体和心灵上的创伤就再也无法完全愈合，但明朝的皇帝却乐此不疲，锦衣卫将校对它也是情有独钟。

纵观有明一朝的锦衣卫，尽管也出过袁彬、牟斌这样比较正直的指挥使，但总体来说，其职能主要还是为明朝的极端专制制度充当帮凶。有了锦衣卫这样高效率的工具，明朝皇帝压制起士大夫阶层、下层民众就显得更加得心应手，但为此付出的代价却是社会活力的极大降低，这也是为什么明朝虽有 200 多年历史，但在政治制度、经济制度上却无所进展甚至还有所倒退的主要原因。

明代的锦衣卫乃是史上著名的酷政，朱元璋创建这个机构的目的也很明确——他担心自己死后，下一代皇帝驾驭不了文武功臣，所以他几兴大狱，生搬硬套找理由，连杀带整，把辅佐他打天下的老伙伴们差不多灭了个干干净净。这类案子，事出有因、查无实据，如果交给朝官们依法办理，就有可能旷日持久，甚至不能定案。所以就把这些案子作为诏狱交给锦衣卫办理，他们知道皇帝想干什么，他们也知道怎么办。

锦衣卫这个机构，说直接一点，就是老朱心术不正的产物，所以其后遗症也特别严重。自然，老朱自己也知道此类酷政不可以成为常态，否则天下会大乱。所以，在蓝玉案以后，也就是功臣都已经被杀得差不多之后的洪武二十六年（公元 1393 年），他刻意削减了锦衣卫的职权，下令各项案件须经法司谨慎处理。

然而，始作俑时心术不正而造成的弊政，是难以从根本上去除的。若干年后，朱棣夺下侄子的江山，又要大杀忠于朱允炆的正直人士，特务机构这时候显然是不二之选，所以，在朱棣手上，锦衣卫又重新登上了事业的巅峰。此后，终明一朝，此弊政再也无法根除了。

小伙子们，把情报工作搞起来

为了帮助主子达成不可告人的目的，成为主子心中尽忠、尽职、尽责的好同志，明朝的锦衣卫不仅在搞人、搞事方面练就了出神入化的本事，其搞情报的技术更是厉害到令人发指！

差点被朱元璋干掉的老臣宋濂，秉性老实忠厚，就是个本本分分的读书人，然而就连这样的老实人朱元璋也不放过，恨不得连人家上厕所他都监视着。

据说有一次，宋老先生在家时跟几个朋友喝酒。次日下朝，朱元璋单独叫住了他，笑着问道："老宋，听说昨天你家来客了？给客人做什么好吃的了？"

宋濂是个实在人，一五一十地回答，家里来了哪些客人，然后开始报菜名——熘鲜蘑、熘鱼脯、熘鱼肚、熘鱼骨、熘鱼片儿、醋熘肉片儿！烩三鲜儿、烩白蘑、烩全丁儿、烩鸽子蛋、炒虾仁儿、烩虾仁儿、烩腰花儿……朱元璋听完表示满意："嗯，你没骗朕，不说谎就是好同志，回家吧！"

宋濂惊出一身冷汗，这要是不小心报错一个，恐怕今天都不能回家了，从此一吃饭就背菜名，惶惶不可终日。

大知识分子钱宰，年纪虽老，办事却还算得力。朱元璋给了他一项繁重的任务——重编《孟子》。朱元璋对孟圣人的一些说法很不满意，于是命钱宰和一众文官，加班加点地制作删减版。

钱老先生本来就对朱元璋的做法不认同，只是不敢说，现在又强制他这个古稀老人加班，难免发点牢骚，脱口吟道：“四鼓咚咚起着衣，午门朝见尚嫌迟，何时得遂田园乐，睡到人间饭熟时。”

第二天上班，朱元璋阴恻恻地对他说：“老钱啊，你的文采是真的好，可是朕也没有嫌你来得晚啊，只是怕你们工作懈怠，偶尔督促一下，你看把那个‘嫌’改成‘忧’如何？”

钱宰瞬间吓得老命丢了一半：我一个人在路上随口嘀咕几句他都知道！当然，他嘴上不敢这么说，只能连忙磕头谢罪：老臣口误，皇上您改得好！

朱元璋笑笑：“那朕就做个好人，满足你这个心愿，从今天起不用来上班了，回家好好睡觉吧！”

钱宰又连忙磕头谢恩，丢工作事小，保命事大！

遭受过类似待遇的人物有很多，而且不分官衔级别，是不是实权人物。比如宋讷，只是一个国子监祭酒，一个教育部官员，很难触及权力中心，朱元璋也没有放过。

有一天，宋讷遇到了不开心的事儿，独自一人来到后花园中躲清静，越想越生气，气了好半天。

第二天上班，朱元璋笑着问他：“小宋，你昨天和谁生气啊？”

宋讷不好明说，就打个马虎眼：“臣昨天没有生气啊！”

朱元璋脸一冷：“小宋你这人不老实啊，你看这是什么！”随手递给宋讷一幅画。

宋讷展开一看，瞬间魂飞魄散，那画上竟然是他昨天生气时的特写，那姿态、那表情，惟妙惟肖，跟数码相片一样。宋讷猛然想起自己昨天还洗过澡，内心无比煎熬……

显而易见，在朱元璋手下做官，你没有任何隐私可言，朱元璋利用锦衣卫，在每个人头顶上悬了一把剑，在每个人家里安了一排摄像头，你想在他的眼皮底下搞事情，那真是不可能了。

当然，胡惟庸是个特例。胡惟庸这件事，大概率是朱元璋故意放纵的，属于钓鱼执法，把鱼养肥了，再一网打尽，直接就能清空半个朝堂。

不得不说，在洪武朝做官，简直就是在拿命赌明天。

朕的诏狱，不逊色于十八层地狱

明崇祯年间，耿直男瞿式耜上《陈政事急着疏》，以非常悲愤的姿态痛骂明朝诏狱之黑暗，他表示：活人只要被抓进诏狱，后果就是“魂飞汤火，惨毒难言”。但同样是获罪，如果被抓进了刑部大牢，而不是诏狱，那可真是“不吝天堂之乐矣。”

同样是身陷囹圄，没有身陷诏狱，竟然大乐，感觉自己跟到了天堂一样，这种不可思议的想法也恰恰揭露了一个事实：明代的诏狱，简直如同地狱一般让人恐惧惊悚。

诏狱这个东西，不是一般意义上的监狱，它是奉诏设置的直属于君王的监狱，属于法外之狱，是皇帝私人设置的天牢，在汉朝就已经出现，但并不盛行。

到了明代，朝廷设置诏狱，由宦官、厂卫特务组织把持并直接行使审判和治狱大权，肆虐臣民，践踏狱法，成为诏狱的极盛时期。

明朝的诏狱，就其本质而言，仍然是封建地主阶级国家暴力机器的组成部分，也是明朝专制主义极端强化、皇权恶性膨胀的结果和突出表现。正如清代沈家本所评说：“诏狱把审案、断案、刑罚的权力给了武夫，他们又与太监狼狈为奸，制造的冤案、惨案数不胜数，旷古绝今！”

明朝诏狱的主要任务是保护皇权神圣不可侵犯。老朱登基后，出于整人的心思，随即令锦衣卫设置诏狱，专门负责审理他交办的特殊案件。从此一发而不可收拾。

后明代皇帝，嫌锦衣卫力量不够，又相继设置东厂、西厂、内行厂，专司缉查谋反之事，以加强镇压。这些厂网罗大量特务，形成了比锦衣卫更严密的特务网。一经他们认为有谋反言行，都可直接逮捕，关押诏狱。可见，诏狱的主要拘禁对象是那些敢于反抗明朝统治者的劳动人民和统治阶级内部的“叛臣逆子”，保护皇家的特权是明朝诏狱的基本职责。

诏狱是凌驾于三法司和其他中央机关之上的非法之狱。诏狱始设时，老朱就赋予其特殊权力，直接受皇帝的指挥。因此，三法司无权过问诏狱事宜，而诏狱则可过问他们的狱制工作，并可对任何高级司法官吏进行侦缉、审讯、录囚。厂卫及诏狱无需事实依据，仅凭方言巷语，片纸朝入即可罗织罪名罪状，把无数臣民投入诏狱。可见，他们一言为法，一言代法，恣意横行，为所欲为，使完备的法律制度和法典成为一纸空文，形同虚设。

诏狱实行的恐怖主义是明朝极端专制主义本质的必然反映。诏狱所关押的囚徒绝大多数是待审的嫌疑犯，然他们一旦入狱，不论有罪无罪，罪重罪轻，都失去了生命的保障。诏狱是“杀人至惨而不丽于法”的地狱。平民朝官动辄被下诏狱，一入诏狱，多是苦辱至死，有进无出。

诏狱中的犯人被皇帝视为逆臣反贼，锦衣卫根本不会把他们当人看待，所以，诏狱不同于三司刑部的监狱。锦衣卫希望犯人早死，早除祸害。诏狱的牢房终年阴气森森，房间狭窄潮湿，墙壁厚达八尺，犯人受刑时，隔壁听不到声音。

诏狱犯人的饮食由家属提供，家属送来的饭食，十之八九被狱卒享用。三九严寒时节，犯人挨饿受冻，吃冰冷的饭食、盖着如同冰块的薄被。犯人家属不得入诏狱探视。犯人在狱中生病，锦衣卫是不予治疗的。

在锦衣卫镇抚司狱中被酷刑折磨、残害致死的犯人，并不都是大奸大恶之人，有很多是忠良正直的大臣和被勒索的无辜民众。

锦衣卫狱所设的种种酷刑，后来被东厂、西厂沿用。锦衣卫在南京究竟杀了多少人，根据粗略统计，在处置胡惟庸案中，锦衣卫就乱杀了 3 万多人，蓝玉一案，也至少杀了 15000 人。几年的时间内，在锦衣卫的帮助下，朱元璋几乎除尽了明代开国功臣。也许朱元璋不愿死后留个“暴君”的骂名，洪武二十年（公元 1387 年）春节，他下令将诏狱中锦衣卫使用的酷刑刑具集中起来，在诏狱外的御道街上全部焚毁，并下令解散锦衣卫。不过，这毕竟是表面文章，特务组织是一切独裁者所喜欢的，后来朱棣还是恢复了锦衣卫，为其专制独裁统治服务。

不听话的人，这里有 100 种酷刑调教他

锦衣卫在天津设立机构后，就开始按照皇帝的意思私下打探军情民意，凡是对皇帝不利的言论都逃不过他们的耳目，当地的官吏也不敢随便过问他们的事情。只要流露出对他们的不满，都有可能被抓去受刑，而一旦被特务们抓去，那就是九死一生，最轻也要落个残疾的下场。据明史记载，锦衣卫常用的刑具有 18 套。其中有一项刑罚叫作“廷杖”。

“廷杖”是朱元璋赋予锦衣卫的特权，所谓廷杖，就是在午门外对“逆鳞”（违抗圣命）的大臣直接施行杖刑，由司礼监太监监刑，锦衣卫

诏狱狱吏施杖。朱元璋很喜欢这种打人板子的感觉，因为这不仅是一种身体上的残害，更是人格上的侮辱，也许是当年走街串巷被人侮辱的创伤产生了应激反应，越是虐待别人，朱元璋越能产生快感，他曾下令将其亲侄朱文正、贪官朱亮祖父子、工部尚书薛祥等人当众鞭死。

此后，廷杖被当作祖宗制度传承下来。诏狱的行刑狱吏都受过特别训练，如果得到满意的贿赂，他们打下的木棍，看起来很重，甚至血肉横飞，但受伤较轻，痛苦也较轻。如果没有向他们行贿，下杖时看起来很轻，皮肤上没有伤口，但痛彻心扉，只需三四十杖，静脉血管就会寸寸断裂，全部肌肉组织溃料，不久即死，无药可救。

明朝君主以廷杖制度表明其生杀予夺的大权神圣不可侵犯，实质上，廷杖是明代重典治吏的一种法外酷刑，是君主施展专制淫威、强迫臣子完全服从自己意志的野蛮手段，朱元璋的子孙——明武宗和明世宗还曾让锦衣卫一次“廷杖”几百人，当场打死几十人，创下了明史上“廷杖”的纪录。

至于诏狱等监狱中，锦衣卫常用的酷刑更是名目繁多，其中最酷毒的分别为械刑、镣刑、棍刑、拶刑、夹棍刑。

械刑的刑具是用坚硬的木材做成，长一尺五寸、宽约四寸，中间凿两孔，固定在犯人的手臂上，无论如何施刑，犯人也无法挣脱，只能饱受痛苦。

镣刑刑具则是铁制的，也称“锒铛”，长五六尺，盘在犯人左脚上固定，锦衣卫在犯人右脚上用刑。

棍刑的刑具是用杨树和榆树的树条做成的，长五尺，弯曲如匕首，执手处与人的小指一样大，着肉处直径八九分，用棍施刑时，先用绳子束紧犯人的腰部，两名卫士踩着绳子的两端，使犯人无法躲避，这才用刑。

拶刑的刑具是用杨木做的，长一尺有余，直径约四五分，是一种夹手指的刑具。用拶子施刑时，两名卫士固定着犯人，用细绳锁紧犯人的手，其他人用硬棍左右敲击，使拶子上下夹紧，犯人痛不欲生。在戏曲舞台上，拶刑常用于女犯人。

夹棍刑的夹棍是用杨木做的，两根夹棍各长三尺余，离地五寸许，中间贯穿铁条。用刑的时候，将犯人的脚固定，上面快速收紧绳子，再用一根棍支牢足底，使犯人不能移动，接着用一根大杠，长约六七尺，从右边猛力敲击犯人的足胫，受刑者顿时就会痛得昏死过去。

犯人很难经受“全刑”（让犯人按顺序经受械、镣、棍、拶、夹棍）的五种酷刑。除此之外，锦衣卫还有很多惨绝人寰的酷刑，触目惊心，令人发指。

《明史·刑法志》中记载：“刑法有创自明而不衷古制者，廷杖，东厂西厂，锦衣卫，镇抚司狱是已。杀人至惨，而不丽于法，踵而行之，至未造而极。”编撰《明史》的清朝人批评明代不遵守中国古代刑法制度，创造了许多惨绝人寰的刑具，到明末达到登峰造极的地步。

明朝的刑罚如此恐怖，但还有更恐怖的——有一个人，他几乎亲手施行过上述所有酷刑。这个人叫纪纲，是朱棣年间最出名的特务头子。

我纪纲杀人，从来不眨眼

纪纲和朱棣相遇于公元 1400 年。

话说当年，朱棣率燕军与政府 50 万大军激战于德州以北，朱允炆的护国军战败南逃，朱棣一举攻破德州城。

这年五月，朱棣率领20万铁骑途经临邑，在临邑东北20多里处演练骑兵，方圆数十里居民惨遭蹂躏，几乎灭绝人迹。朱棣正在马上指点江山，突然间，不知从哪蹿了出来一个大汉，直接拦住了朱棣的001号座驾，表示一定要认朱棣当老大。

朱棣一看，这人还真有勇气，敢直接拦截他本人，就说“开始你的表演吧”。大汉扎稳马步，气沉丹田，一通武武玄玄，靠实力征服了朱棣，当即被朱棣留下，收为帐下亲兵。

没想到，这个亲兵后来竟然成长为令人谈之变色的特务头子，造下了无数杀孽。

朱棣兵围济南时，遭到山东参政铁铉的顽强抵抗，久攻不下。思来想去，朱棣使了一招“云中谁寄锦书来”，命人将劝降书射入城内，想从精神上瓦解敌人。

没想到，城里也使出了一招“云中谁寄锦书来”，朱棣打开一看，写的是《周公辅成王论》。《周公辅成王论》讲述的是周公尽心尽力辅佐侄子周成王的故事，是有“周公吐哺，天下归心”一说，这是在暗讽朱棣。朱棣虎躯一震，怒不可遏，下令强攻济南，可最终还是无功而返。

不过，朱棣倒是记住了这封信的作者，觉得他很有才，想日后收为己用。这个人叫高贤宁。

朱棣当上皇帝以后，有一天突然又想起了那个骂自己的高贤宁，于是下了道全国通缉令，将高贤宁抓了过来，告诉他：你要么跟着我干，要么跟着阎王干！

高贤宁也是一个有骨气的汉子，只是微微一笑，根本不理睬朱棣。

受到了鄙视的朱棣很想杀人，但他还是忍了，因为他确实爱才，没办法，建文朝的有才之人都被他杀得差不多了，总得找些新鲜力量来填补空缺吧。于是朱棣便派纪纲去劝高贤宁。

纪纲和高贤宁是老同学，当初纪纲因为屡次违纪被学校勒令退学，高贤宁并没有因此瞧不起他，反而不断跟他书信来往，好言安慰，两人因此结下了深厚友谊。

但在原则问题面前，再深厚的友谊也没有用武之地。面对前来劝降的纪纲，高贤宁毫不留情地说道："想要我投降根本不可能，我又没有因为品德败坏被学校开除过，我一直都是三好学生，学的都是礼义廉耻，怎么能跟你一样呢！"

纪纲被喷了个狗血淋头，但他并没有生气，反而一反常态地在朱棣面前为高贤宁说了好话，高贤宁也因此逃过一劫。在朱棣和纪纲手下逃出生天，后来还活到 90 多岁，这绝对是个奇迹了。而这件事，大概也是纪纲平生唯一的一次善举。

高贤宁九死一生，可他的老领导铁铉就没这么幸运了。

把镜头转回到当年，朱棣久攻济南不下，一怒之下，就准备掘黄河"水淹七军"。铁铉为避免生灵涂炭，只好投降了。不过，他是诈降，准备将计就计，诱杀朱棣。

老铁事先命人在城门上装了机关"千斤闸"，又让士兵百姓在城中号啕大哭，高呼自己不想死，要投降燕王，然后又把城楼上的守城武器全部撤下。做完这一切以后，老铁遣人前去诈降。

使者是城中长者，百姓一枚，长得慈眉善目，看着就像老实人。老人一见朱棣就跪地大哭，说朝中奸臣当道，王爷您是替天行道，老百姓齐声为您叫好。只是我们济南人没见过大世面，看到大兵压境，也不知是谁家的兵，还以为是来杀害我们的，这才拼死抵抗，如今得知是王爷之师，大家都想为您效力，王爷请收留我们这些可怜人！

朱棣这时有掘河这种卑鄙手段做倚仗，也不怕对方搞鬼，欣欣然接受了他们的投降，并乘坐 001 号座驾亲自去城中纳降，姿态相当高傲。

朱棣到达城门，城中万人齐声高呼“千岁到”，气势震天，朱棣好不得意。突然“哐当”一声，预设的“千斤闸”当头砸下，但是准头不够，只砸到了朱棣的马头。朱棣惊得虎躯连震，抢过随从的马落荒而逃，铁铉则在城头哈哈大笑，指着朱棣的背影大骂乱臣贼子。

朱棣返身回来，一边命重兵攻城，一边派人去掘黄河大堤。铁铉又制作了很多朱元璋的画像和灵牌，摆在城头的各个垛口上，朱棣终究不敢开炮，最终只得带着满腔的怒火怏怏而去。

这件事，让朱棣对铁铉恨之入骨。

朱棣吞下整个河山，铁铉兵败被俘，下诏押解京师，朱棣要亲自处置他。二人见面，分外眼红，朱棣让铁铉跪，铁铉偏偏站，还把后背留给了朱棣。朱棣暴怒：纪纲！朕要看看你的手段。

纪纲黑着脸，命人将铁铉的鼻子和耳朵割下，又命刽子手行剐刑，结果刽子手剐一刀，铁铉就骂一句，到死，骂声不绝于耳。

朱棣虽然打着“靖国难，清君侧”的旗号起兵，但他自己心里都得承认，这就是真的造反，造反起家的他知道自己名不正言不顺，生怕别人也造自己的反，于是和他爸爸一样，对于一切自己感觉是和自己做对的人，就一个字——杀！而执行者就是纪纲。

纪纲杀人，从来不眨眼。

据有关部门数据显示，纪纲担任锦衣卫指挥使期间，建文帝旧臣及其亲属被诛杀者达数万人，不进就会株连十族。

纪纲除了心狠手辣以外，还有一个高阶技能——“善钩人意向”，即能准确地掌握别人的心理，类似于现在的微表情读心术。

据说有一次，朱棣在翻看诏狱在押犯人名单时，“漫不经心”地说了一句：解大才子还在监狱里呢？

解大才子指的是解缙，非常有才，曾经深受朱棣喜爱，《永乐大典》

就是他领衔编撰的，后来因为蹚进了“国本之争”的浑水，被下了诏狱，一关就是4年。

朱棣此时“漫不经心”“没头没脑”地说了这样一句话，如果是其他人，可能觉得皇上只是随口一说。但纪纲不一样，他马上参透了话中玄机。

拜别朱棣，纪纲转身来到诏狱，跟解大才子把酒言欢，席间各种恭维，解缙以为自己要苦尽甘来官复原职了呢，结果因为高兴而喝了个酩酊大醉。纪纲一使眼色，锦衣卫们架起解缙就把他扔在了冰天雪地里。

第二天，大明日报头版头条：曝！著名才子解缙蒙主隆恩特赦出狱，兴奋过度酗酒冻亡！

朱棣合上报纸微微一笑：甚合朕意！

纪纲同志因为在帮助朱棣镇压反对派的工作中表现十分优异，成绩非常突出，被朱棣愈加重用，成为姚广孝之外的又一心腹高参，一时风头无两。

接下来的剧情非常俗套——天要使其灭亡，必先令其疯狂！纪纲站上权力的巅峰以后就疯了，相当疯狂。

他不光要杀人，还要敛钱，敛很多的钱，而且不向上缴纳。

纪纲每次帮朱棣收拾政治犯，都不给人家一个痛快的了断，相反，他还给对方好吃好喝好照顾，然后暗示对方：你给我点好处，我能把你捞出去。

等到把人榨干以后，他就翻脸不认账，直接杀人灭口。

纪纲变得越来越张狂，张狂到在杀死吴王以后，将吴王的冠服藏在家中，高兴了就把死人衣服拿出来穿，让手下的小兄弟们冲着自己高呼“万岁”，这不是要造反的节奏吗？

没错，纪纲已经疯狂到了想要以锦衣卫之力量推翻朝廷的地步。当然，他也没有说反就反，而是在死亡的边缘疯狂试探。

公元 1416 年端阳节，朱棣带着一帮文武大臣在御花园玩射击游戏，谁射的准，有赏。

纪纲是跟随朱棣造反起家的，弓马娴熟，很有准头，然而这一次他却射偏了，而且偏得很离谱，不是他控制不住手抖，他是故意而为之。

纪纲想借着这个机会将“指鹿为马”重演一次，看看百官的反应。果然，在纪纲的心腹带头叫好以后，百官硬是没有一个人敢出言发表不同意见的。

这一幕令纪纲非常得意，这一幕也令朱棣非常生气。

朱棣如此精明的一个人，怎么可能不知道纪纲平时作威作福、违法乱纪呢？不处理他，是因为觉得他还有利用价值，但再有利用价值的人，一旦碰触他的底线——皇权，就一个字——死！

纪纲的死期就到了。

两个月后，几个朱棣的贴身太监出头告发纪纲种种图谋不轨，很显然，这是朱棣亲自授意的。

由于太监们对纪纲的所作所为并不十分了解，他们指控的罪行也有很多“莫须有”的成分，但朱棣对是不是事实不感兴趣，他只需要一些罪名，因而没有做任何调查就立即将纪纲逮捕入狱，送交都察院审讯，同时鼓励满朝文武大胆揭发纪纲罪行。特别令人震惊的是，对纪纲的审讯仅仅进行了不到一天就草草结案，纪纲在当天就以“谋大逆”的罪名被凌迟处死。如此迅速的处理不仅不符合当时的法律程序，而且在整个明代的历史上也是绝无仅有的。

曾经嚣张到不可一世，连皇帝都不放在眼里的大特务头子，就这样死在了自己的疯狂之下。纪纲跟随朱棣多年，连朱棣是什么样的人，他的逆鳞在哪里都没有看清，所谓的“善钩人意向”，现在看来，是多么的讽刺。

东西两厂，到底是个什么东西

在纪纲这件事上，宦官在关键时刻发挥了巨大作用，没有辜负朱棣对他们的信任。现在，连亲兵都不可信，朱棣觉得自己能倚重的似乎只有宦官了，在此之前，他曾使用过宦官监视自己的儿子朱高炽，那么现在，再用宦官牵制一下锦衣卫如何?

于是公元 1420 年，朱棣很有创意地搞了一个前无古人的“东厂”，其工作人员全部是太监，工作内容除制衡锦衣卫以外，主要负责为皇帝监控天下，甚至连锦衣卫也开始监控，从此之后，锦衣卫江河日下，厂公风生水起。

东厂成立初期，一直保持着低调而隐秘的姿态，不见于史籍，所谓成立于永乐年间，都是后世的追述。东厂首次出现在史料中，是景泰时期的笔记《双槐岁钞》，到明宪宗朱见深成化十三年（公元 1477 年）六月，东厂才出现在官修国史《明实录》中。尚铭是史籍上第一个以“东厂太监”名义出现的人。

东厂的属官有掌刑千户、理刑百户各一员，由锦衣卫千户、百户来担任，称贴刑官。具体负责侦缉工作的是役长和番役，役长相当于小队长，又叫“档头”，共有一百多人，也分子丑寅卯十二颗，一律戴尖帽，着白皮靴，穿褐色衣服，系小绦。役长各统领番役数名，番役又叫“番子”，又叫“干事”，这些人也是由锦衣卫中挑选的精干分子组成。这样的设置使东厂番子至少达到几千人。

起初，东厂只负责侦缉、抓人，并没有审讯犯人的权力，抓住的嫌疑犯要交给锦衣卫北镇抚司审理，但到了明末，东厂也有了自己的监狱。东厂的首领称为东厂掌印太监，也称厂主和厂督，是宦官中仅次于司礼监掌印太监的第二号人物。

东厂的侦缉范围非常广，朝廷会审大案、锦衣卫北镇抚司拷问重犯，东厂都要派人听审；朝廷的各个衙门都有东厂人员坐班，监视官员们的一举一动；一些重要衙门的文件，如兵部的各种边报、塘报，东厂都要派人查看；甚至连普通百姓的日常生活，柴米油盐的价格，也在东厂的侦察范围之内。东厂获得的情报，可以直接向皇帝报告，相比锦衣卫必须采用奏章的形式进行汇报，要方便得多。

东厂府衙，大厅左侧供奉着岳飞的雕像，右侧刻着“胰式芏案”的故事。历届东厂厂主的牌位，供奉在大厅西侧的祠堂里，堂前还有一座“百世流芳”的牌坊。可惜东厂人员的所作所为与这些摆设实在相差太远。东厂番子每天在京城大街小巷里面活动，并非完全为朝廷办事，更多的是为自己牟私利。他们常常罗织罪名，诬赖良民，之后就屈打成招，趁机敲诈勒索。

到了明中后期，东厂的侦缉范围甚至扩大到了全国，连远州僻壤，也出现了“鲜衣怒马作京师语者”，使得举国上下人人自危，民不聊生。在与锦衣卫的关系上，东厂则是后来居上。由于东厂厂主与皇帝的关系密切，又身处皇宫大内，更容易得到皇帝的信任。东厂和锦衣卫的关系，逐渐由平级变成了上下级关系，在宦官权倾朝野的年代，锦衣卫指挥使见了东厂厂主甚至都要下跪叩头。

西厂的成立是非常偶然的，成化十二年（公元 1476 年），先是京城内发生了“妖狐夜出”的神秘案件，接着又有一个妖道李子龙以旁门左道蛊惑人心。当时李子龙以“左道”驰名一时，在朝中有极多的信徒。

在信徒的帮助之下，李子龙有机会深入内宫，到万岁山等地观察地形。虽未明其真正之意，但据传李子龙意欲弑君，并且被锦衣卫校尉发现，李子龙被除掉。

当时二十余岁的明宪宗朱见深得知此事后，认为到处都布满危险，因而大为紧张、疑神疑鬼。为了避免类似的事再次发生，朱见深十分想了解宫外的民臣动向，于是令宦官汪直从锦衣卫中选人乔装成平民，出宫伺察。汪直抓住了这个机会，到处捕风捉影，搜罗了不少所谓的“秘密消息”报告给朱见深。朱见深认为这些消息很有价值，对汪直的表现也十分满意，要他继续做下去。

然而，这个乔装成百姓的侦查方式毕竟是拿不上台面的，于是朱见深组织了新的内廷机构——西厂，西厂以汪直为提督，厂址设在灵济宫前，以旧灰厂为厂署总部。西厂的军官主要从锦衣卫中选拔，这些人再自行选置部下，短短几个月内，西厂人员极速扩充，其势力甚至超过了老前辈东厂。

成立西厂本来只是为了替皇帝刺探消息，但汪直为了升官发财，拼命地构置大案、要案，其办案数量之多、速度之快、牵扯人员之众都远远超过了东厂和锦衣卫。西厂在全国布下侦缉网，主要打击对象是京内外官员，一旦怀疑某人，就立刻加以逮捕，事先不必经由皇帝同意，之后当然就是严刑逼供，争取把案件弄得越大越好。对一般百姓，其一言一行只要稍有不慎，就会被西厂以妖言罪从重处置。

西厂仅仅成立5个月，就弄得朝野上下人心惶惶，以大学士商辂为首的辅臣集体上书，向朱见深痛陈西厂的危害，并将汪直办下的不法之事一一举报。朱见深收到奏章后惊呆不已，于是撤销西厂，遣散了西厂的人员。

但没有西厂的日子总让朱见深感觉没有安全感，他食不知味夜不能寀，奸臣戴缙在看明白皇帝的心思以后，主动上书，大肆吹捧汪直。朱见深大喜，立刻恢复西厂，废与开之间，只相隔一个月。汪直复出后，更加严酷地办案，戴缙也得以升职。

在此后的五年里，汪直领导西厂又办下了无数“大案”，将反对自己的朝臣如商辂、项忠等一一剪除，他的权势也达到了极点。但俗话说：“物极必反”，汪直极度膨胀的权力不能不引起皇帝的警觉，在其后的权力角逐中，汪直失败，被调出京城，西厂也随之解散。几年以后，汪直在失意中死去。

到了朱见深的孙子朱厚照继位后，大太监刘瑾掌权，宦官势力再度兴起，正德元年（公元 1506 年），西厂复开，由太监谷大用领导。可笑的是，西厂与东厂虽然都受刘瑾的指挥，但两者之间并没有互相合作，而是自己人整治自己人，互相拆台。为了改变这种情况，刘瑾又自行设立了一个内行厂，由本人直接统领，其职能与东、西两厂一样，但侦缉范围更大，甚至包括东西厂和锦衣卫。一时间，锦衣卫、东西厂、内行厂四大特务机构并存，缇骑四出，天下骚动。

正德五年（公元 1510 年），刘瑾倒台，朱厚照下令撤销西厂和内行厂。西厂作为一个临时产品，就这样在历史上永远地消失了。

厂卫制度作为明代政治上的一个独创，它满足了明代加强皇权的需要。皇帝通过厂卫对国家进行更为有效的控制，明代的厂卫虽然享有广泛的政治权力，但它始终受皇权的控制和制约，是为皇帝服务的侍卫班子，体现了皇帝的意志。明代实行的这种特务制度有其一定的合理性和进步意义，但另一方面，厂卫制度是皇帝通过宦官对人民实行统治，手段残酷，令人发指，使东西厂几乎成为恐怖政治的代名词。

篇五

打江山易，守江山难，大明这段时期有点乱

朱高煦对皇位仍然贼心不死，他做梦都想将爸爸和哥哥从皇位上踹下去，自己取而代之，但他很清楚，自己不是爸爸的对手，所以他必须在确认爸爸抢救无效死亡后，才能动手。

所以他强行按捺住自己内心火花四射的欲望，一直在等待，等待那个消息的到来。但他没想到，那个不起眼的马云，竟然成了最后的搅局者。

……

……

朱棣的纠结——应该选谁做太子

朱棣步入中年油腻大叔的行列以后，选谁做接班人，就是他不得不考虑的问题了。

当时，朱棣在两个儿子之间犹豫不决。如果按照祖宗规矩，他应该立嫡长子朱高炽为太子，但如果单纯从一个父亲的角度来说，他更喜欢的是次子朱高煦。

朱高煦和他的父亲很像，是一个狠角色，在靖难之役中，他总是一马当先冲锋陷阵，屡立战功，特别是白沟河一战，朱棣眼看就要被瞿能生擒活捉，在几近绝望的情况下，朱高煦率数千精骑突然杀到，斩杀瞿能父子。他曾几次救父于危难，不仅武功好，而且懂军事，深得朱棣喜欢。当时太监黄俨、淇国公丘福、驸马王宁也看出了朱棣有废长立幼的心思，纷纷倒向朱高煦，向朱棣建议立朱高煦为太子。

朱高炽和朱高煦虽然是一母所生，但两个人无论形象气质还是性格特质，都形成了极大反差。朱高炽的最大特征就是胖，胖到什么程度呢？走路都得两个人扶着，完全不能骑马打仗，这让尚武的朱棣看到就烦。

朱高炽虽然因为身材被爸爸嫌弃，但他其实是个性格沉静、知书达理的好宝宝，对父亲也充满了忠爱之心。

朱棣跟朱允炆打架的时候，朱高炽作为嫡长子，被留在根据地，负责镇守北平。朱高炽表现非常出色，特别能够笼络人心，将士们都愿意主动团结在他的周围，和他一起誓死保卫自己的家园。结果，他们创造了一项军事史上的奇迹——以万人力量成功抵挡了李景隆50万大军的围攻，当然，这与李景隆草包级的军事指挥才能有很大关系。

然而，朱允炆从来不觉得李景隆是酒囊饭袋，他只觉得自己这位堂弟很厉害，他很想把他拉拢到自己身边来，从敌人内部瓦解敌人。于是，他给朱高炽写了一封信，大意是说：你爹虽然是你爹，但你爹的错不是你的错，你现在只要迷途知返，我就给你一个台阶。世界曾经是爷爷的，但以后终究是我们的，你放心，我不会伤害四叔，我只要他手里的兵权，我可以让他颐养天年，而你，将成为感动帝国第一青年。

看完这封信，朱高炽没有丝毫犹豫，当即回复：我爹再不好，他也是我爹！

多么孝顺的一个好孩子。然而，朱允炆虽然没有成功策反朱高炽，但他的举动却起到了一定的反间作用，朱棣开始对朱高炽有了猜忌和防范，猜忌他到底动没动过不孝之心，防范他过人的领导能力。

不得不说，当一个人对你有了根深蒂固的偏见，不管你做什么，在他眼里都会被扭曲。

虽然朱高炽从未对父亲有过恶念，虽然朱棣最终成功登上皇位，但这种偏见一直留存在他的心中，这就导致他在选择帝国接班人时一直摇摆不定。

朱棣自己拿不定主意，便咨询很有才华而且被自己视为心腹的解大才子，解缙很正直地表示："高炽王子既仁义又有孝心，上至官员下至百姓，大家都很喜欢他，这就是接班人的不二人选啊，皇上您怎么还犹豫呢？"

朱棣表示，朕再想想，解缙又说："立高炽王子为太子，您不但有了继承皇位的太子，而且有了好太孙。"解缙说的这个太孙，就是朱高炽的长子朱瞻基。

那么，解缙为什么要提朱瞻基呢？这里面还有一段传说。

传说朱瞻基出生时，他的皇爷爷，当时还是燕王殿下的朱棣做了一个美梦。梦中，他爸爸朱元璋把一个大圭赐给了他，上面写着“传之子孙，永世其昌”。

圭，是古代帝王祭祀时的专用玉器，是皇权的象征。按照朱棣的想法，这个梦是大吉之兆，预示着爸爸会把皇位传给他，并且子子孙孙一直传承下去。朱棣从这个美好又吉祥的梦中笑醒了，忽然有人来报：您的孙子降生了！

朱棣马上想到，难道梦中的情景正应验在这个孙子的身上。他脚不沾地地跑去看孙子，只见那娃娃长得非常像自己，而且脸上一团英气，朱棣看后高兴极了，兴奋地大呼：“此乃大明朝之福也。”这件事对朱棣下决心造反起了很大作用。

所以，朱棣对这个孙儿十分疼爱和看重，从小就把他带在身边，亲自对他进行皇族教育。

朱瞻基也没有让祖父失望，年纪不大的他硬是凭着一股聪慧好学的劲，成了诸皇孙中最出类拔萃的那一个，也成了祖父心里已定的帝国未来接班人。

解缙的话可谓一语中的，直击朱棣心灵深处，朱棣终于不再犹豫——为了我大孙子，就立我大儿子为太子！

就这样，朱高炽被立为太子，朱高煦被封汉王，封国云南。朱高煦拒不赴任：“我何罪！斥万里。”朱棣又将他改封青州，朱高煦仍拒不赴任，在他心里，自己被封的应该是这天下！

太子虽立，但根深蒂固的偏见使朱棣对朱高炽的表现从不满意，反而越加宠爱二儿子朱高煦，礼秩超过了嫡亲标准。解缙见状，上疏劝阻，让朱棣注意与二儿子保持距离，朱棣大怒："你胆敢离间我父子关系！"从此解缙被冷落。

朱高煦落选太子之争，对哥哥和解缙充满了怨恨，经常在朱棣面前说二人的坏话。因为偏见，朱棣对朱高炽的一些行为也总是抱怀疑态度。朱棣北征期间，朱高炽以太子身份监国，他一旦发现哪里有水旱饥馑，立刻设法赈济灾民，并严厉批评报告迟缓的各级官吏，这使得朱高炽的形象在百姓心中更加伟岸了。

儿子如此优异，老子却满腹狐疑，朱棣认为朱高炽是在故意树威信，有抢班夺权之意，于是考虑改换朱高煦为太子。就在这期间，朱棣将一轴画卷送到内阁，让解大才子题诗，解缙打开画轴一看，是一只大老虎和一只小老虎在一起的情景，解缙立刻计上心来，在画上题诗道："虎为百兽尊，谁敢撄其怒？唯有父子情，一步一回顾。"朱棣看到诗，想到朱高炽毕竟是自已的亲儿子，虎毒不食子，终于心软了下来。

被屡屡破坏好事的朱高煦简直恨死了解缙，对他的语言攻击越加猛烈，也许是出于补偿心理，朱棣明知儿子在诬告，还是偏袒他，屡屡责备解缙，解缙由当初的春风得意，变成了活得憋屈。

再后来，讨厌臣子参与自已家事的朱棣，硬是抓住一点小错将喜欢满嘴跑火车的解缙塞进了诏狱。4 年后，朱棣授意，纪纲略施小计，解缙横死于冬季。

在把解缙送进诏狱以后，朱高煦加紧了对哥哥的进攻，然而朱高炽此时已羽翼渐丰，不易撼动。不甘心的朱高煦决定当一回赌徒，他要拿自已的性命赌明天！

朱高煦开始暗中培养死士，并在府中僭用御用器物，他准备用暴力夺下太子位，如果有可能，还可以更进一步。不得不说，徐辉祖看人很准，他这个二外甥的确完全没有忠孝之心。

然而朱高煦却忽略了最重要的一个问题——大明朝中有一个无孔不入并且只对皇帝一人负责的特务组织——锦衣卫。

朱高煦的阴谋被“明察秋毫”的锦衣卫无情揭发，朱棣在得知自己最偏爱的二儿子做出如此大逆之举后，险些一头栽倒，但他盛怒之下仍给爱子留了一条性命，只下旨将朱高煦贬为庶人。

朱高炽善良的灵魂这时迸发出了妇人之仁，他痛哭流涕，请求父亲放过弟弟，朱棣其实也心有不忍，如今被害人亲自求情，他也就顺水推舟，削去朱高煦两个护卫，杀其左右帮凶，强行将朱高煦徙封乐安州（今山东省惠民县），即日起程，不得延误。

一波还未平息，一波又来侵袭，朱棣因为朱高煦的事情又心痛又生气，一病不起，他的三儿子朱高燧这时杀了出来，不但想除掉太子哥哥，甚至想把皇帝爸爸一起除掉，然后强行登基，再顺手除掉汉王二哥……

结果他和朱高煦一样，虽然继承了朱棣造反的基因，但不具备朱棣造反的天赋，还没等起事就被他卧病在床的爸爸运筹帷幄果断地镇压了。关键时刻，又是朱高炽站了出来，及时迸发出了妇人之仁，保下三弟一条性命。

在造反专家朱棣面前，他的儿子们还是道行太浅。

解决了大逆不道的两个儿子，朱棣真心觉得自己太累了，也该歇歇了。

谁也想不到，马云成了搅局者

永乐二十二年（公元 1424 年）4 月，65 岁的朱棣开始了他人生中的第 5 次远征，但这次他连敌人的影子都没见着。7 月 16 日，大军行至苍崖戍，朱棣突发疾病，翌日到达榆木川，朱棣病情加重，第三日，即 7 月 18 日，明成祖朱棣驾崩。他的死很突然，但死的很安然，在军中没有激起丝毫波澜。因为，马云这时站了出来。

朱棣一声招呼没打就结束了自己传奇的一生，他死了，烦恼随之而去，不用再为儿子们的争斗忧心忡忡，也不用再纠结权力、国运、传承、金钱、地位这些东西，但活着的人却不得不考虑。

在朱棣驾崩的那片阴云之下，其实还暗藏着一股潜流。不同利益集团都在紧锣密鼓地布置行动，他们要向朱棣留下的最有价值的遗产——皇位，发起最后的猛攻。

其实早在朱棣出征之前，朱高煦似乎就产生了某种预感，爸爸这一去可能就回不来了。于是他加紧了谋划，将自己的儿子朱瞻圻派去京城潜伏，二人使用快马互传消息，一骑绝尘汉王笑，无人知是密探来，也不知道跑死了多少匹马。

朱高煦对皇位仍然贼心不死，他做梦都想将爸爸和哥哥从皇位上踹下去，自己取而代之，但他很清楚，自己不是爸爸的对手，所以他必须在确认爸爸抢救无效死亡后，才能动手。

所以他强行按捺住自己内心火花四射的欲望，一直在等待，等待那个消息的到来。但他没想到，那个不起眼的马云，竟然成了最后的搅局者。

马云是朱棣的贴身太监，长得很普通，甚至有点难看。区别于明朝大多数太监的是，他对权力似乎并不感兴趣，对朱高炽、朱高煦兄弟二人的态度也是不偏不倚，所以向来存在感很低，但关键时刻，他亮出了自己的立场，成功扮演了当年赵高的角色。

朱棣悄无声息地死去，作为第一知情人，马云以内侍身份连夜召集文渊阁大学士杨荣、金幼孜入内开会。三人密谋，此时大军离京城尚远，如果贸然将皇帝驾崩的消息传出，恐朱高煦、朱高燧二人没了顾忌，犯上作乱，遂决定秘不发丧。

他们将军中所有锡器收集起来，融做内棺，盛装朱棣遗体。锡是密封性极好的金属，用作完全封闭的内棺，可以有效阻断空气中细菌的进入，再加上高原地区温度低，所以朱棣遗体腐败的很慢，既使到了后期，味道也不易散发出来。

布置妥当以后，三人开始演戏，返京的行程依然按照原计划进行，依旧每日按时给朱棣送饭、请安、朝奏，定时定点奉皇命安营扎寨，只是皇帝的车帘再也没有掀开过。

看到这里，可能有人会问，皇帝死于外，秘不发丧不是正常操作吗？但也不至于把自己这边搞得如此紧张吧？正所谓“事出反常必有妖”，这个妖指向一个人，他是英国公张辅。

朱棣病重之际，可能也知道自己要不行了，于是亲自召见张辅，钦定他为顾命大臣，吩咐他好好辅佐太子登基。

朱棣的安排很妥当，不妥当的是张辅这个人。张辅起身于靖难之役，与朱高煦算是靖难时期的老战友，平素二人关系不错，而在立储问题上，“靖难派”大多是支持朱高煦的。

所以，马云、杨荣等人认为，这个人不得不防！

事实证明，他们的担心不是没有道理的，后来朱高煦起兵造反前夕，派人去京城联络的那个内鬼正是张辅。

在对消息进行了严密封锁以后，杨荣接受了一个光荣而艰巨的任务，回京向太子报丧，并为太子登基做好准备工作，这位在朱棣和朱高煦眼皮子底下隐藏多年的“太子党”秘密成员终于有了用武之地，他日夜兼程，不负众望，终于将朱棣遗命及时送到朱高炽手中。

来不及错愕和悲伤，朱高炽在第一时间加强了京城卫戍，并严密监察各地军情动态，做足随时应变的准备，同时，朱高炽命嫡长子朱瞻基火速出京迎回皇爷爷遗体。十天后，朱高炽有惊无险地顺利登基，成为大明朝的第四位皇帝，史称明仁宗。这一年，朱高炽 47 岁。

整个过程，朱高煦一直都被蒙在鼓里，等到他收到风声，为时已晚。当然，他还有机会。

“仁宗”这个名号，真不是随便叫的

朱高炽当上皇帝以后，仿佛要向他死去的爸爸证明什么似的，拼命地英明神武。

他执政以后，大力推行儒家思想，褒奖忠孝之人，任人唯贤，使得朝堂呈现一片清明景象。除此之外，他还勇于承认历史错误，纠正爸爸制造的司法弊病，积极为建文帝旧臣翻案。

与此同时，朱高炽先生科学优化司法进程，减少了冤假错案的发生。他还禁止使用肉刑，给予犯人基本的尊严和人权。在治国整体举措上，朱高炽以农为本，大兴生产，减免赋税，减少用兵，满朝文武齐声叫好，老百姓都夸他是个好领导。当然，朱高煦和朱高燧二人除外。

朱高炽开工作会议时，经常给下属们做思想工作："以前，有一些人当皇帝，妄自尊大，喜欢搞一言堂，不喜欢听真话，脾气还很暴躁，经常喊打喊杀，所以下面那些当臣子的只好违背良心，投其所好，阿谀奉承，结果把国家搞得乱糟糟。朕和你们都应当引以为戒！"

但朱高炽先生并不是故弄玄虚说漂亮话，他说到，就做到了。

大理寺少卿戈谦是个老实人，还是个老实的耿直男，在一次工作会议上，他提出问题的态度非常直接，言辞语气极其激烈，使得朱高炽很是没有脸面。

一些职场老油条为了讨好朱高炽，纷纷指责戈谦有失大体，沽名钓誉。朱高炽也几乎恼羞成怒，眼看着就要收拾戈谦。这时，华盖殿大学士杨士奇站了出来。

杨士奇当场指出："皇上，你说过什么自己都忘了吗？君无戏言，你想不承认是吗？戈谦是个老实的人、正直的人、不懂得媚上欺下的人，他正因为相信了你的言辞，才敢直言不讳，你现在要处罚他，是要出尔反尔吗？"

朱高炽此时虽然余怒未消，但仍觉得杨士奇说的很有道理，于是在满朝文武尴尬的目光中，放过了戈谦。不过，为了维护帝王的面子和尊严，他每次见到戈谦都不给他好脸子看，经常当众怒怼戈谦，戈谦越来越抑郁，越来越沉默。

杨士奇再一次站了出来，进一步向朱高炽指出："现在，大家都知道戈谦得罪了你，你用这样的态度对他，谁还敢相信当初你说过的话？你是不是真心要广开言路接纳意见，是不是真心要让我们讲真话？"

朱高炽幡然醒悟："确实是我小心眼了，戈谦是个好同志，我不该如此对他，那些对我刻意逢迎的人，其实是在害我无法做个明君。"他回头一想，好像一个多月没听到朝臣讲真话了，于是对杨士奇说道："你去跟大家谈一下，代我跟大伙道个歉，表达一下我纳谏求言的心情。"很显然，朱高炽还是放不下自己的面子。

杨士奇断然拒绝："谁信我的话啊！"

朱高炽明白了杨士奇的一番苦心，想了想，也不要面子了，直接下了一道诏书，进行了深刻的自我批评，从此，朝中逐渐形成一种直言不讳的好风气。

眼看，大明即将步入又一个盛世，甚至有可能比"永乐盛世"更加辉煌，然而，老天却阻断了这一切美好的实现。

公元 1425 年 5 月，大明这位宅心仁厚的胖胖皇帝突然咽下了人生中的最后一口气，在位仅短短 10 个月，后世称他为"十月天子"。据说，他很可能是死于心脑血管疾病。

尽管死得心有不甘，尽管还有很多政治理想没有实现，但朱高炽总算拼了命给儿子留下了一个被抚平过战争伤痕的江山。

中国历史上，王朝皇帝数百位，但敢叫"仁宗"的，还真没有几个。

第一任"仁宗"，是北宋第四代皇帝赵祯，13 岁即位，53 岁驾崩，享位 41 年，其执政期间的所作所为，这个"仁"字当之无愧。

可以说，在封建时代，赵祯将"仁政爱人"推上了一个极致，为后世帝王树立了一个学习的榜样、一根风向标杆。可惜，愿意向赵祯同志学习的帝王并不多。

宋朝之后，"仁宗"还有三位，分别是元仁宗孛儿只斤·爱育黎拔力八达、明仁宗朱高炽、清仁宗爱新觉罗·颙琰。元仁宗和清仁宗配不配得上这个“仁”字，只能仁者见仁，智者见智，但明仁宗朱高炽，虽然在位只有十个月，但这并不妨碍到他成为一代仁主。

《明史》对朱高炽的评价是这样的：用人行政，善不胜书。假使老天能让他多活几年，涵濡休养，德化兴盛，绝对可以与汉朝“文景之治”相媲美。

皇叔作乱也阻挡不了的宣德盛世

皇帝驾崩，天大的事情，但此时的大明皇宫却鸦雀无声。

是的。由于太子朱瞻基此时人在南京，大臣夏原吉等人恐怕京中生变，再一次秘不发丧，并秘密遣人出京，接太子火速回京执掌朝纲，稳定大局。

十几天后，得到父亲死讯的朱瞻基已经能够明显感到大明江山中的暗流汹涌。出于安全考虑，南京方面准备召集人马，护送太子回京，朱瞻基表示大可不必。他说：“父亲仁义治国，天下归心，如今死讯未出，谁敢有二心？我刚来南京不久，原定归期未到，如今秘密折返，谁能料到？父亲龙驭宾天，我为人子，理应快马加鞭尽孝父前，怎能大军慢行耽搁时间？”

然而，他想错了，有人能料到，而且早就有二心，这样的狠角色就是他的叔叔朱高煦。

朱高煦自从被爸爸朱棣强行就藩乐安以后，一日未忘失储之恨，每日都在算计如何夺取皇位。他本想等爸爸驾崩那天，趁乱举事，亲手拿回本应该属于自己的东西。为此，他不惜置亲儿子于危险之中，让他去京城扮演密探的角色，与自己里应外合，伺机作乱。然而，机关算尽的朱高煦还是被马云等人摆了一道，他心中好恨，他决不允许这样的事情再一次重演，因为老天也没有给他留下太多时间。

这一次，他设下天罗地网，他要在第一时间网尽消息，打“保皇派”一个措手不及！

这一次，他的确做到了。不知是谁故意走漏了风声，朱高煦得知哥哥已驾崩后，火速派出杀手，埋伏在南京通往北京的必经之路上，他要将自己的侄儿一举击杀！

结果，千算万算，没算到朱瞻基跑得那么快，杀手们左等右等就是不见目标人影，直到京城传出太子回宫的消息，朱高煦才知道自己的周密计划又一次落空。

公元 1425 年 6 月 12 日，朱瞻基在北京正式登基，是为明宣宗。此时，离他父亲过世已经整整过去了一个月。

一场皇位继承危机，总算有惊无险地暂时缓解了。

但是，朱高煦同志这次决定不再善罢甘休！他年龄已经不小了，他唯恐自己像哥哥一样时日无多，他拼死也要做最后一搏！

此时的朱高煦就像他父亲当年一样，对侄儿的皇位虎视眈眈，为此疯魔，他无比渴望将靖难之役的历史重演，而他的侄子朱瞻基，也想证明自己并不是建文帝。

在伏杀未果后，朱高煦加速夺权的步伐。人手不够，朱高煦就砸开州县监狱大门，将死囚统统释放出狱，招致麾下，与社会上的地痞无赖一起凑成一支流氓军团。为了心中向往已久的皇位，朱高煦已经完全丧心病狂了。

为了试探朱瞻基的底牌，朱高煦不断向朱瞻基提出一些无理要求，朱瞻基一再忍让，一一满足。这使得朱高煦产生了一种错觉，他觉得朱瞻基比建文帝还要软弱，他感觉自己完全有把握像父亲当年一样，拿下这场“新靖难之役”。

然而，他不知道的是，朱瞻基其实是在玩“欲擒故纵”的游戏，他想让朱高煦自我暴露狼子野心，然后自己占据道德的制高点，争取舆论和民众的支持，这样他再收拾叔叔，也不怕后世之人戳脊梁骨了。

终于，在屡次试探之后，朱高煦产生了迷之自信，他决定正式发动自己的靖难之役，口号同样是“靖国难，清君侧”。

起事的前一夜，朱高煦派心腹潜入京城，去联络曾经，注意，是曾经支持自己的张辅。张辅这个时候掌管着京畿卫戍部队，如果把他拉入阵营，大事成矣！

但是朱高煦忘记了一个定律，那就是时间可以改变人心，淡化感情。张辅这个时候已经被朱高炽父子的仁义所感化了，他认定这样的人才会成为圣主明君，而朱高煦，越看越像个暴君！所以张辅果断变换阵营，早已成了朱高炽父子的忠实拥趸者。于是，朱高煦的密使刚说完话，就被张辅绑了，直接押送到朱瞻基面前。

朱瞻基这个时候还是不想和叔叔打仗，毕竟打仗要花费很多钱。于是朱瞻基非常大方地表示：叔，只要你迷途知返，咱们既往不咎！

可朱高煦这个时候已经完全疯了，非常蛮横地告诉朱瞻基：想让我停止靖国难，除非你把自己身边的奸臣人头送给我，这样我才可以考虑考虑。

朱瞻基也火了：我身边哪里有奸臣？你不就是想打架吗？我跟你打。

史上著名的朱高煦叛乱就这样拉开序幕了，可是过程一点也不精彩，简直可以用兵不血刃来形容。这个剧情大致可以这样描述：

朱高煦宣布起兵靖难，朱瞻基忙说叔叔且慢；

朱高煦表示要么开战，要么“滚蛋”，朱瞻基说不服就打；

朱瞻基亲临战斗前线，朱高煦被压制得没了气焰；

朱瞻基在城外军事演练，朱高煦在内城随风凌乱；

朱高煦说我服了好汉，朱瞻基成功平乱。

全程毫无看点，没有一场大战。

朱瞻基不想落下残杀亲叔的名声，因此只是把朱高煦关入牢中，但朱高煦却做出了一个非常怪异的举动，直接葬送了自己的小命。

朱高煦在朱瞻基来探监的时候，竟然使出了一招江湖中传说的滑铲，一脚将朱瞻基铲倒在地，这彻底刺激了朱瞻基隐藏在心灵最深处的暴戾，他下令用 300 斤的大缸将朱高煦罩在缸里，但朱高煦力气很大，顶缸而起。朱瞻基怒极，命人将缸压住，然后点火，把自己的叔叔烧死了。

平定了藩王中最凶狠的朱高煦，杀鸡儆猴的效果立马显现出来，各路藩王纷纷向朱瞻基表示臣服，朱瞻基的皇权进一步得到了巩固。他，终于可以放开手脚，施展自己的理想和抱负了。

朱瞻基同志执政期间，遵循先父的仁政路线，重用名士与贤臣，执行与民休息政策，带头省吃俭用，大力纠正不正之风，国家在他的治理下日益繁荣昌盛，史称“仁宣之治”。

顾名思义，朱瞻基的军功章里，也有他爸爸的一半。

当然，朱瞻基也不是圣人，他也是个有七情六欲的凡夫俗子，是凡夫俗子就必然会沾染凡尘中的种种陋习，朱瞻基的陋习也不少，而且因为帝王的身份，这些陋习对他的国家来说伤害性还很大。

朱瞻基有一个众所周知的爱好就是斗蟋蟀，本来这也不是大问题，蟋蟀又不是稀有动物，但他把自己的爱好变成政治任务，这就成了大问题。下级官员为了讨好朱瞻基，在全国上下掀起了一阵“蟋蟀风”，把老百姓折腾得叫苦连天。

最主要的，朱瞻基还是位艺术皇帝，琴棋书画无所不能，吃喝玩乐样样精通。历史的经验告诉我们，但凡艺术家当皇帝，治国就会成为一种行为艺术。朱瞻基也不例外。

朱瞻基执政后期，同样沉湎于各种艺术中不能自拔，但他心中尚有几分清醒，他知道政务不能荒废。怎么办呢？鱼与熊掌如何才能兼得？朱瞻基非常聪明，为了治国和艺术两不耽误，他创造了司礼监联合辅政制度。即，由内阁对各种奏章提出初步处理意见，再由皇帝给出最终意见，同时授权司礼秉笔太监代表皇帝批示、签字。

这种行政流程，如果是明君使用，没有太大问题，如果是痴迷淫乐、玩物丧志的庸君，那么太监的权力就与皇帝肩并肩了，所以明朝后期宦官如此猖狂的根源即在于此。

而这种制度的好处就在于，嘉靖和万历两个皇帝那么多年不上朝，仍然能够控制政局。

所以在朱瞻基之后，明朝的皇帝或多或少都有属于自己的奇葩爱好，因为他们在先祖的伟大设计下，终于有足够的时间恣意玩耍了。同时，宦官的危害也开始彰显了。

公元 1435 年，年仅 36 岁的朱瞻基英年早逝，太子年幼，朱瞻基的母亲张太后临朝摄政，成为朝中核心人物。张太后是个不可多得的好女人，在她和“内阁三杨”的维持下，大明并没有出现幼主受欺、权臣乱政的局面。但岁月不饶人，在张太后和“内阁三杨”相继离去后，宦官王振很快凭借制度上的优势制霸朝堂，最终引出令外夷讥笑、令兄弟相残的土木堡之变。

大事不好啦！皇帝被蒙古人抓了

朱瞻基驾崩时，明英宗朱祁镇才9岁，通常来说，一个王朝到了中期以后，幼主继位，天下便乱，但这种情况在朱祁镇即位之初并没有出现，因为他有一个史上难得一见的好奶奶。

当时，太子太小，不能理政，而之前的靖难之役和汉王叛乱还历历在目，不禁让人怀疑，这个小娃娃能坐稳皇位吗？而襄王朱瞻墡年富力强，素有贤名，又是先皇的亲弟弟，换句话说，除了朱瞻基的两个儿子，他也是有资格继承大统的。所以，朝中一些别有用心的人开始散布言论，说太皇太后张氏准备为江山易主，立自己的二儿子朱瞻墡为帝，一时间风言四起，搞得人心惶惶。

就在这人心浮动，局势即将混乱的关键时刻，张氏站了出来，强抑丧子之痛，宣召诸位大臣前往乾清宫，当着众臣的面，她把朱祁镇往龙椅上一放，指着他说："这就是你们的新老大，谁赞成，谁反对？"众人齐呼万岁，一场政治风波就这样被张氏化解于无形。

而襄王朱瞻墡就尴尬了，真是人在家中坐，锅从天上来啊，自己在封地守礼守法地当王爷呢，稀里糊涂就被传成了皇位窥觑者，这样的天外飞锅，他以后还要经历两次。

朱祁镇确认皇帝身份以后，尊张氏为太皇太后，遵照爸爸遗诏，凡朝廷大政均奏请奶奶后再做定夺。一些精于逢迎的大臣觉得这是升官发财的好机会，联名奏请张氏垂帘听政，张氏断然拒绝，她说："祖宗规矩不能破！你们要是有能力，还是用来好好辅佐皇上吧！”

然而，偌大的帝国单靠她一个女人支撑，的确有些力不从心，思虑再三，张氏决定任命杨士奇、杨荣、杨溥、张辅、胡濙五人为辅政大臣，辅佐她和小皇帝决议军国大事。

而且，她还颇具先见之明，早早看出了太监们有乱政的苗头，及时对宦官集团进行了强力压制。

有一天，张氏派人把权宦王振叫到后宫，厉声呵斥："你不好好尽自己的本分，整天带着皇帝到处玩，你是不是不想活了？！”四周宫女应声而起，雪亮的刀架在王振脖子上，吓得王振瑟瑟发抖。如果不是朱祁镇跪下求情，恐怕王振就要命丧当场。

接着，张氏警告王振说："你们这种人，自古就爱祸国殃民，皇帝年龄小不懂事，但我还没老到眼瞎！现在皇帝为你说情，我就饶你一次，今后再犯，新账旧账一起算！”此后，张氏经常派人监督太监，一旦发现他们有干政的举动，就下手整治，所以在张氏有生之年，王振这头恶犬一直只能夹着尾巴做狗。

后宫摄政，最怕外戚专权，但张氏不是那样的人，她对自己的家人要求非常严格。张氏的大哥张昶官拜中军都督府左都督，二哥张升官拜左军都督府左都督，不是一般的位高权重。但二人在国家问题上都规规矩矩，也没有通过裙带关系谋取私利。

有了张氏和“内阁三杨”等人的全力维持，虽然朱祁镇还只是个熊孩子，但明朝仍然能够延续着仁宣时期的繁荣昌盛。

可惜，天不假年。公元 1442 年，太皇太后张氏病逝，几位辅政重臣又死的死，辞职的辞职，王振挣脱了钳制，彻底放飞了自我。他开始结党营私，擅权专权，搞得整个朝廷乌烟瘴气，结果就搞出了“土木堡之变”。

明正统十四年（公元1449年）二月，蒙古瓦剌部首领也先遣使2000余人贡马，谎称3000人，想诈骗明政府一笔钱。也先原本以为明朝官员好吃懒做，没人会去较真。但很不幸，他遇到了同样想从中谋利的王振。

王振当场就发飙了："也先，你当本公公不识数还是眼睛瞎？你这马匹数量差这么多，还用细数吗？！做人不讲诚信，必须给你点惩罚，你的马我全要了，就给你两折的价钱！"毫无疑问，这事儿要是做成了，王振就赚大了。

也先也是个小暴脾气，这话要是你们皇帝或者官员说的，我兴许还能忍一忍，可你一个自割求荣的人，凭什么这么说？兄弟们！跟我杀进中原！

王振看到事情搞大了，赶紧为自己开脱责任，说蒙古人亡我大明之心不死，故意找茬挑起事端，这次要不给他们点颜色看看，他们势必就要图谋中原！皇上，御驾亲征吧！

朱祁镇也是年轻气盛血气方刚，一心要当英雄，想和祖先一样驱除鞑虏耀武沙场，大手一挥："王振，喊人，随朕出征！"

群臣纷纷劝阻："皇上，杀鸡焉用金刀，这种小事，派个大将前去摆平就行了！"

朱祁镇拒绝接受建议："朕有帝国猛士五十万，一人一脚就能踏平也先！"于是不顾劝阻，一意孤行。公元1449年7月，朱祁镇把年仅2岁的皇子朱见深立为皇太子，令异母皇弟朱祁钰留守京师，率太监王振、英国公张辅、兵部尚书邝埜、户部尚书王佐等人，起兵50万，征伐也先。

由于事发突然，皇帝又急于耀武扬威，军队在粮草供应尚未到位，战略部署尚未周密的情况下就匆匆出发，队伍一片混乱，自相惊扰。

19日，大军抵达居庸关，群臣请求驻跸，朱祁镇不听，继续北行。

23日，兵至宣府，连日风雨，人心惶惶，边报愈急，诸臣接连上奏请留宣府，王振怒而不允。

军队未到大同，粮食已经吃尽，饿死的士兵不计其数，朱祁镇有心原地休养，筹备粮草，也先假装望风而逃，朱祁镇又兴奋了，率军深入，步入圈套。

8月1日，明军兵至大同，王振犹欲再进，邝埜坚请回驾，王振借朱祁镇之口下令，让邝埜与王佐随老弱病残行动，不许参与决策。邝埜气得一口老血喷出，从马上跌落，几乎送命，王佐则整日跪在草中，企图感动朱祁镇，使其同意回师，但都无济于事。

关键时刻，前锋西宁侯朱瑛、武进伯朱冕全军覆没的消息传来，王振这才怕了，决定回师京城。大同总兵郭登认为，从紫荆关退回最为妥当。王振是蔚州人，从紫荆关退兵正好可从他家乡经过，如果能带皇上顺便到家乡玩一玩，这是多么值得骄傲的事？于是表示同意。

然而大军刚行了40余里，王振又考虑到大军会踩坏家乡的庄稼，临时改变行军路线，决定从宣府退兵。邝埜上书请求急驰入关，王振不听，邝埜又到行殿申请，王振怒称："你懂军事吗？"当即命左右将这位兵部尚书架了出去。

8月10日，大军到达宣府，也先追兵突至，恭顺伯吴克忠、都督吴克勤率兵断后，皆战死。成国公朱勇、永顺伯薛绶率3万骑兵前去救援，在鹞儿岭陷入重围，全军覆没。

8月13日，大军退至土木堡，离怀来城仅20里，百官主张迅速入城，但王振以辎重车千余辆未至为由，令大军坐等。第二天想继续南行，也先大军逼近大营，大军仍在坐等。

土木堡地高无水，人马两日未饮，饥渴难耐。土木堡之南15里有河，但已被也先部队抢先一步占据。

15日，也先假装议和，为表诚意，率军后退。王振轻信，草率下令，命大军移营就水，饥渴难耐的军士一哄而起，人马失序，瓦剌军趁机进攻。

事发突然，明军大溃，势不能止。瓦剌骑兵蹂阵而入，长刀挥舞，恣意砍杀，明军死者蔽野塞川，朱祁镇与亲兵乘马突围，被瓦剌军挡了回来。

这时的朱祁镇表现出了一个大国君主应有的风度，他眼见突围无望，从容下马盘膝，面南而坐。不一会儿，瓦剌兵冲了上来，一个士兵上前要脱他衣服，见他衣甲与众不同，心知不是一般人物，便推着他去见也先的弟弟赛刊王。朱祁镇的贴身护卫樊忠怒不可遏，抡起铁锤对准王振的脑袋狠狠砸了下去，红的白的瞬间洒落一地。

此一战，明朝又创造了一项军事史上的耀眼纪录：在2万敌军面前，明朝英国公张辅、尚书邝埜、王佐等数百随从官员皆战死，50万大军几乎全军覆没，前无古者！大明，从此精锐尽失，京城门户洞开，强盛的帝国由盛转衰。

朱祁镇被押到赛刊王大营，赛刊王问他："你是谁？家住哪里？官多大？"

朱祁镇反问他："你是谁？是也先，还是伯颜帖木儿，还是赛刊王？"

赛刊王感到对面这位口气很大，至少也是个皇亲国戚，赶紧去找他哥哥商议，也先让明军俘虏去辨认，瞬间惊呆了：本想勒索点银子和土地，一不小心抓了个皇帝！

不过也先并没有得意忘形，他很有自知之明，深知此次大胜不过是一时侥幸，如果真把朱祁镇干掉，和明朝死磕到底，最后不得好死的一定是自己。相反，只要扣留了朱祁镇，皇帝在手，大明还不被我牵着鼻子走?

想到这里，也先心中乐开了花，这次真的赚大了!

随即，也先带着弟弟伯颜帖木儿、赛刊王前去给朱祁镇请安，一再表示，臣等本不想和上朝妄动干戈，实在是受了王振的欺辱和挑拨，皇上请放心，您在我这里一定好吃好喝好招待，只要贵国经济补偿到位，我们马上护送您南归!

朱祁镇与也先相视一笑：没问题。

只是二人万万没有想到，明朝留守京师的诸臣竟然这么有骨气，他们为了避免皇帝因贪生怕死而签署丧权辱国的条约，或者做出给国家丢脸的事情，一咬牙、一狠心，直接换了位皇帝。

朱祁镇此时心态很好，他在敌营悠哉悠哉地喝着马奶酒、吃着烤全羊，等待着北京方面前来迎驾，也先突然脸色难看地闯了进来："皇上，您现在是太上皇了!"

也先现在也很闹心，北京的新皇朱祁钰显然是不打算赎人了，但自己要是真撕票，朱祁钰肯定会借此大做文章，打着为哥哥报仇的名义，对他的 2 万大军发动猛烈攻击，而他还能够再侥幸获胜一次吗？不能冒这个险！可是，留着朱祁镇有什么用处呢？一点用没有，还得当作上宾款待。

为今之计，哥，只能让你做太上皇了

北京方面，土木堡大败，皇帝被俘的消息传来，举国崩溃，大小臣工在朝堂上聚众痛哭，场面十分尴尬。

以翰林侍讲徐珵为首的一部分朝臣表示：咱们还是抓紧时间逃跑吧！事实摆在眼前，咱们皇帝现在被人当作人质，太子又年幼，文武百官中的精英人才被一战团灭，目前京城卫戍部队人数不足10万，还都是老弱病残，如果我们现在不逃跑，等也先打过来，想跑都来不及了！君子报仇，十年不晚啊！

此意见一经提出，立即得到了大部分人的认同，大家纷纷表示：赶紧逃跑吧！

接着，朝堂乱作一团：有人提议去南京，因为那里是旧都故地，有东山再起的根基；有人提议去四川，因为那里山高路远，可以凭借地形阻击也先。很多官员已经做好了逃跑的准备，只等着一下班就回家收拾金银细软，带着家人逃出生天；大街上的店铺早已关闭，城中的商人、百姓也时刻准备逃离。

这一切，与300年前的"靖康耻"何其相似，只是，大明开国尚不足百年，就要走宋朝的老路了吗？

说时迟那时快，以于谦为首的一批正直官员"蹭、蹭、蹭"站了出来，痛斥众人胆小如鼠、抱头鼠窜、鼠目寸光的无耻行为，于谦厉声喝问："当年宋朝南渡，最后被欺负成什么样，你们不知道吗？我于谦誓死不逃跑，要死也要脸朝天！”

一身铮铮铁骨，一席凛然直言，瞬间喊醒了留守京城的孙太后和郕王朱祁钰。二人当即表示：我们誓不背亡国这口锅！于谦你牵头，带着大伙和也先打仗！

于谦直言：“我可以去冲锋陷阵，但朝中必须有个主事人，因为我分量不够，说话不管用，无法做到令出必行。咱们的皇帝现在还在也先那边做客，看样子一时半会儿是回不来了，当务之急，我们要推选一个新的领头人，带领大家保家卫国。太后，兹事体大，请权宜行事！”

于谦这么说，其实是他心中已经有了合适人选，就是郕王朱祁钰，但他不便明说，否则就是蓄意拥立郕王篡位，他希望孙太后能够从大局考虑，摆明利害关系，主动推举郕王。

孙太后听了于谦的话，脸色瞬间就不好看了。

的确，就当前的状况而言，郕王自然是最合适的人选，可郕王不是她亲儿子，而且郕王的亲妈吴太妃还活着，如果立郕王为新君，他一定会尊崇自己生母，冷落孙太后这个后妈。这件事伤害性极大，孙太后肯定是满心不愿意的。

但要说立自己的孙子朱见深，恐怕孙太后自己都觉得这是个很大的玩笑，毕竟他还是个两岁的奶娃。

局面就这样一时僵住了，气氛十分尴尬。尴尬中，孙太后灵机一动，不是还有个素有贤名的襄王吗？被尊为皇嫂，总比被尊为后妈强吧？

襄王朱瞻墡再一次被强行扯了进来。

朱瞻墡接到嫂子召他入京的书信也是郁闷至极，真是人在家中坐，大锅又从天上来，你们玩权力游戏，为什么总扯上我，我就想快快乐乐当个逍遥王爷，平平安安活到寿终正寝，怎么就这么难！不去，臣有病，不能去！

但皇太后的“好意”直接拒绝也不行。思来想去，朱瞻墡给太后嫂子出了个折中的主意——让太子登基，郕王监国，问题不就解决了吗？但回信还没到京城，孙太后已经与朱祁钰达成协议，同意朱祁钰登基，条件是，朱见深仍为太子，百年之后皇位叔传侄。

看来，孙太后一定是忘了赵光义当年干的那些事。

事情敲定，朱祁钰于公元1449年登基为帝，改元景泰，史称明景帝。随即，遥尊哥哥朱祁镇为太上皇，同时开展大规模清算行动，将王振党羽进行了一番清洗。

朱祁钰登基以后果断下诏：如果瓦剌人以撕票我哥为借口索要钱财或者骗开关门，一律拒绝！

也先几次勒索不灵，气急败坏，发兵攻打北京。朱祁钰命于谦组织北京保卫战，同时整肃内部，调集重兵，安定人心，最终在同年11月击退瓦剌人，取得北京保卫战的最终胜利。

北京保卫战之后，明军多次主动出击，一副不顾太上皇死活的架势，狠狠地揍瓦剌人。也先看明白了，现在的朱祁镇留在手里真是一点可利用价值都没有。于是便准备主动送回朱祁镇，借此与明朝讲和。

然而问题来了——也先想送，可朱祁钰不愿意接受。在尝过了权力巅峰的滋味以后，他怎么可能再把皇位拱手让给别人？

大臣们纷纷表示：皇上，太上皇咱们得接，现在的情况和当年南宋的情况不一样！南宋那位只是阻挠北伐，君臣就被后人骂了个狗血淋头！现在人家也先是主动送还，咱们不接，你想想看，史书会怎么写？

朱祁钰很不开心：“本来我不想当这个皇帝，你们非逼着我当，现在我刚当出点感觉，你们又想卸磨杀驴？”

于谦见状，赶忙安慰，说皇上，皇位已定，不会再改，您放心派人去接，毕竟他是先皇，还是你哥，于情于理你都得接。

朱祁钰见最得力的大臣都这么说，只好说：“听你的，听你的。”便先后派遣李实、杨善出使瓦剌。也先一边送还朱祁镇，嘴里还一边嘟囔：“明朝人太坏了，完全不按套路出牌！”

朱祁镇费尽周折重回北京，朱祁钰亲自到东安门迎接，兄弟俩手拉着手互诉离别思念之情，忍不住泪涕沾襟，把皇位相互推辞逊让了许久。

转过头，朱祁钰就把哥哥软禁在南宫。为了切断哥哥与旧臣的联系，朱祁钰下令将南宫附近的树木全部砍掉，防止有人爬树越墙与朱祁镇密谋大事。同时，他又派出精英密探，对朱祁镇的一举一动严密监看，严加防范。

大局已定，朱祁钰开始思考继承人问题。按照当初的约定，如果他是一个讲信用的人，应该在百年之后把皇位传给侄子朱见深。但朱祁钰觉得，社稷大事，应随机应变，不可拘泥于礼法。于是，更换太子的事宜被提上了日程。

只是朱祁钰万万没有想到，自己想给儿子谋点福利竟然这么难，不但朝臣中有不少人投反对票，就连发妻汪皇后也站出来阻拦。朱祁钰把心一横，不顾群臣的非议和反对，甚至直接废掉皇后，强行将朱见深降为沂王，改立自己的独子朱见济为太子。

不知是朱祁钰对自己太过自信，还是心怀仁慈不忍杀亲人，斩草未能除根，正是这一举动，造成了他政治上的一大败笔，从而为自己的帝王生涯埋下隐患。

结果，朱见济在被立为太子的第二年就夭折了，朱见济的妈妈、新任皇后杭氏也因为伤心过度，不久便芳魂零落。不识趣的大臣们不顾皇帝的丧妻丧子之痛，再次提出复立朱见深为太子。朱祁钰气坏了，咬紧牙关不松口。

朱祁钰只有朱见济这么一个儿子，现在死了，心痛之余他也很焦急，如果没有继承人，那自己辛苦得来的皇位真的就要后继无人了。于是，朱祁钰为了继承人开始努力，终于有一天，朱祁钰的身体彻底垮了，储君问题也再次被提了出来。

朱祁钰死也不想立朱见深为太子，这不是给政敌机会秋后算账吗？思来想去，朱祁钰就想到了襄王朱瞻墡。按照朱祁钰的设想，自己让襄王继位，那么襄王势必会感激自己，这样自己死后，家人们也就有了个靠山，不会受到伤害。

然而，朱瞻墡是外藩，按照祖宗规定，召外地藩王入京，需有召令金牌。很不巧，这金牌现在在朱祁镇的妈妈孙太后手中，孙太后当然不会帮着外人坑自己亲孙子，于是找出各种借口予以拒绝。

就这样，朱祁钰的美好设想被他后妈无情掐灭，襄王朱瞻墡又一次人在家中坐，锅从天上来，得知此事的朱瞻墡都快哭了：不应该是这样的！

百般无奈之下，朱祁钰只好再次施展拖字诀，任你们随意说，我就是不松口。没想到的是，因为自己的拖，竟拖拽出一场惊天大阴谋。

我失去的东西一定要亲手拿回来

说到这里，必须要提一个人物，他叫石亨。

石亨曾跟随朱祁镇御驾亲征，明军大败，石亨单枪匹马……逃了回来，随即被关了禁闭。

于谦组织北京保卫战，最大的问题是——缺人，想了一下，便把石亨放出来加以重用，而石亨也算知耻后勇，在驱赶瓦剌的战斗中，立下大功，不仅将功补过，还加官晋爵。

朱祁钰也很看重石亨，对其恩宠有加，甚至超过了当初扶持自己的于谦。

石亨虽然是被于谦提拔起来的，但他跟于谦无论在为人方面还是在政治观点上，都不是一类人。

北京保卫战后，石亨为了向于谦表达感激之情，大概也为了阿谀逢迎，主动向朱祁钰上书，请求加封于谦的儿子。而正直的于谦听到这个消息以后，毫不留面子地对着石亨劈头盖脸就是一通臭骂："国家多事之秋，应该多想想怎样为国尽忠尽责，而不是搞人情往来这一套。石亨你作为朝中大将，你推荐过隐藏于底层的贤才吗？你推荐我儿子，我都觉得脸红！"随即用眼神给了石亨一个正直藐视。

不得不说，于谦虽然是个栋梁之材，但做人做事委实情商不高。俗话说得好，宁可得罪君子，不要得罪小人。小人对一点小小的不愉快都会记恨在心。而且，他们会找机会进行打击报复，直到恨意消失。如果你和他有一些矛盾，那你的麻烦可就大了。

于谦现在就惹上了这样的麻烦。他一番义正词严，自己是骂爽了，光辉形象也树立了起来，但却把石亨的脸面砸得稀碎，更有踩低石亨抬高自己的嫌疑，于是，石亨将一腔感激化作了满腔仇恨。

这期间，朱祁钰也犯了一个大错，那就是看人不准，他重用石亨，却没看清石亨是一个投机派。石亨眼见朱祁钰身体被掏空，很快就不行了，便暗中起了异心，拉拢宦官曹吉祥、都督张軏、都察院左都御史杨善、太常卿许彬以及左副都御史徐有贞等人准备搞大事。

他们想搞一个拥立之功，让自己的仕途平步飞升。

景泰八年（公元 1457 年）正月，朱祁钰病情依然不见好转，接连数日不能上朝，大臣们又开始商议立朱见深为储君。朱祁钰听到消息又气又着急，马上传话出来，说自己已经大好了，十七祭祀那天就能上朝。结果，时间一天一天过去，朱祁钰依然只能卧床不起，心很有余，力也很不足。

但是，朱祁钰又怕大臣们再起立朱见深之意，冥思苦想，便想出一招，找人代替自己去祭祀，而他把这一重任就交给了自己一直非常信任的石亨。正是这份信任，改变了历史进程。

石亨接到任务，知道朱祁钰不可能痊愈了，赶忙让曹吉祥去见孙太后，跟她说，大家都为英宗感到委屈，准备齐心协力迎他复辟。孙太后不知真假，虚与委蛇，曹吉祥急了：“太后，难道您希望您儿子一直关着吗？”孙太后闻言，默许。

政变就发生在祭祀的前一夜，正月十六日晚上。石亨率领手下将士发动兵变，很多大臣被无辜卷入。

石亨等人势如破竹，率兵直扑朱祁镇的囚禁之地——南宫，破墙而入。

这晚，朱祁镇恰好失眠。忽然，一堆官兵“呼啦啦”闯了进来，朱祁镇当时就吓傻了，只以为是弟弟要杀自己。正欲哭无泪间，又听“扑通”一声，众人整齐划一地跪倒在地，山呼万岁。

接着，在众人的簇拥下，朱祁镇直奔大内宫殿，召集群臣，发表演说：“我等了七年，就是要等一个机会，我要争一口气，不是想证明我了不起，我只是要告诉大家，我失去的东西一定要拿回来！”随即，朱祁镇重新登上皇位。至此，震惊历史的“南宫复辟”到此结束，明英宗朱祁镇重新开始了自己的帝王生涯。

朱祁镇复位当天就开始清算行动，矛头直指于谦。于谦时任兵部尚书，拿下于谦就等于拿下了军权，所以这一劫于谦无论如何也躲不过去。不过，念及于谦当年抵御瓦剌、保卫江山有功，朱祁镇本不打算要他性命。这时候，石亨、徐有贞等人站了出来，说当年你被人从皇位上推下去，这个人是主谋，你不杀他，何以重振君威？你对得起自己 7 年的圈禁之苦吗？

朱祁镇想了想，对“不忠”的确应该采取“重典思维”，以达到杀鸡儆猴的效果。于是以“谋反大罪”将于谦和礼部尚书王文一起法办了，当年受到于谦提拔的官员，除石亨外，也多多少少受到了一些波及和影响。

完成清算工作，朱祁镇才突然想起，自己还有个当皇帝的弟弟没有处理呢！这时已经是二月初一，朱祁钰还没有以任何“罪诏”被正式赶下台，名义上他还是明朝合法皇帝。所以这一时期，中国历史上出现了非常怪异的、绝无仅有的同一政权、两位合法皇帝的奇葩现象。

反应过来的朱祁镇赶忙以太后懿旨的名义废除朱祁钰的帝号，降为“郕王”，并押送到永安宫居住。朱祁镇非常希望这位病入膏肓的弟弟赶快断气，这样就不用他动手了，也免得自己落下残杀手足的名声。然而，奇迹出现了，放下权力焦虑的朱祁钰在圈禁期间，身体竟然莫名其妙地好转了，甚至出现了痊愈的苗头。

这就让朱祁镇太意外了，他在朝堂上不经意地说了一句："听说我弟的身体恢复得不错啊……"

公元1457年二月十七，朱祁钰不明原因去世，死后以亲王礼葬于北京西山，成为明朝迁都北京之后，仅有的一个没有被葬入帝王陵寝的明朝皇帝。如此，朱祁镇似乎还不解气，给了他一个恶谥，叫作戾，称"郕戾王"，表示朱祁钰终身为恶。朱祁钰的老婆们，除反对过更换太子的汪氏以外，全部被勒令殉葬。

襄王朱瞻墡听说朱祁镇复位，汗毛马上就炸了，他确信无疑，这把火一定会烧到自己头上。

果然，没过多久，皇帝就约他去京城见面。50多岁的老襄王脚不沾地地赶往北京，一见面朱祁镇就笑呵呵地问他："皇叔，听说我弟曾想把皇位交给你？"

朱瞻墡知道，这句话里暗流汹涌，这句话里遍布杀机，但他在来的路上早已想好了如何应答，他说："皇上，郕戾王想把皇位传给谁，老臣当真不知道，但老臣知道郕戾王做了一件很荒唐的事，不知当讲不当讲。"

"皇叔，你说。"

"皇上，郕戾王给自己和杭氏建寿陵，明楼高耸，其规格向成祖、仁宗两位先帝看齐，这是明晃晃的违章建筑啊！"

朱祁镇随即命人将违章建筑拆除，朱瞻墡再次躲过一劫，并得到优待，寿终正寝。

朱祁镇重掌皇权，开始重用石亨等人，这些人心术不正，滥用权力，横行霸道，在一定程度上加速了明王朝走向衰败的进程。到了晚年，朱祁镇也曾后悔太过于恩宠石亨等人，纵容其妄杀大臣，但为时已晚。

公元1464年正月的一个夜晚，躺在床上奄奄一息的朱祁镇将儿子朱见深叫了过来，他终于决定放下权力，虽然他并不算老，但他真的太累了，他已没有力气继续负重前行。临走前，他拉着儿子的手，告诉他：不要任何人给我殉葬！我希望我的儿孙都不要再用活人殉葬！

从此，有明一代，活人殉葬的制度被废除。单从这一点来说，朱祁镇在历代帝王中，也算是一个好人。

那些年，她成了朱见深心里的白月光

宣德年间，青州诸城县衙掾吏万贵因犯法被流配边疆，为了日后有所依靠，他托付同乡将年仅4岁的女儿带进宫中，充当宫女。年幼的女孩十分懂事乖巧，深得朱瞻基皇后孙氏喜爱。

到了正统十四年（公元1449年），当初那个女孩已经长成了19岁的妙龄少女，但，她并没有像父亲所希望的那样成为皇上的女人，而是成了太子的保姆，两个人的缘分由此开始，也为她日后集万千宠爱于一身埋下了伏笔。

太子朱见深，自小便不与母亲一同生活，在他稚嫩的内心里，母爱无疑是缺失的，所以当这个女孩出现在他身边时，他觉得她既像姐姐又像母亲，他从她身上体会到了母性的温柔与细腻，也得到了别人没有给过的温暖与体贴。

看着眼前这个两岁萌娃，女孩有了新的打算，她盼着这个萌娃快快长大，早日登基，将他攀附为自己的靠山，借此出人头地。为此，她使尽浑身解数讨太子的欢喜。

结果，太子托他皇帝爸爸的福，还没长大就被二叔废了。

此时，年仅 5 岁的朱见深还不明白二叔的重大决定对自己究竟意味着什么。不过，从小在太后身边长大，看惯宫廷尔虞我诈的女孩，什么都懂。

看着原来与自己一同服侍太子的姐妹们树倒猢狲散，或许是对这个孩子产生了同病相怜的情感，又或许是出于豪赌一把的心理，女孩决定留下来与太子共患难。

离开东宫以后，朱见深迎来了生命中最昏暗的一段时光，不仅他的待遇直线下降，他的身边，除了女孩，都是二叔精心安排的耳目。

这段时间，女孩待朱见深如姐如母，给了他从不曾体验过的关爱，在报团取暖、相互依偎的日子里，对朱见深而言，女孩早已不是奉命照顾自己的女婢，她成了他心里的那道“白月光”。

5 年后，朱见深 11 岁那年，他爸爸在关键时刻强力扳回一局，成功复位。而朱见深也在一群宫女太监的簇拥下，重返东宫，跟着他一起回来的，自然还有那个女孩。那年，女孩 28 岁。

天顺八年（公元 1464 年），明英宗朱祁镇驾崩，18 岁的太子朱见深即位为帝，是为明宪宗。当上皇帝的朱见深要做的第一件事，就是让他最心爱的女人做皇后。

这个女人就是当初的那个女孩，她的名字叫——万贞儿。

此时的万贞儿已经三十有五，但仍然风姿绰约，风韵犹存，举手投足间韵味十足，让朱见深欲罢不能。再加上，朱见深从小就是万贞儿一手带大的，对她产生了极深的依赖感，所以他对她，不单单是男人对女人的欲望，在他心里，很可能产生了一种很奇妙的东西，这个东西的名字叫作——真爱。

然而，皇上爱上一个大自己17岁的宫女，并且还要让这个大龄宫女做皇后，这在当时的男权时代是决不允许发生的事情。所以朱见深这个充满爱意的提议，遭到了上至太后下至百官的一致反对，事情僵持在那里，皇帝骑虎难下，极为尴尬。

正在这尴尬万分的时刻，突然有人来报："皇上，有人结党营私，要搞大事！"

朱见深听说有人谋反，反而深深出了一口气："兹事体大，优先处理，立后之事，容后再议！"

到时候，皇上还不是听我们的

刚当太子就被废，刚当皇帝又有人要搞事。

朱见深心里很清楚，自己当太子这些年，既没树政敌也没有情敌，这次事件肯定是他那个有点不靠谱的爹遗留的历史问题。

果不其然，有人举报：王纶、钱溥、朱奎、门达相互勾结，想要架空圣上，制霸朝堂！

言辞凿凿，证据确凿，朱见深立马下令彻查。

这件事还真与朱祁镇有关系，因为这都是"夺门之变"的后遗症。

夺门之变时，朱祁镇靠石亨、徐有贞、曹吉祥三人重新上位，为了表达感激之情，对他们言听计从，格外恩宠。他们三人也恃宠生娇，在朝廷里恣意妄为。后来，朱祁镇都感觉自己出了问题，于是在内阁首辅李贤的建议下，对三人日渐疏离。

后来，徐有贞被削职为民，石亨被定谋反大罪死于狱中，曹吉祥嗅到了兔死狗烹的味道，为了自保，他决定先发制人，再次“夺门”，自己称帝。

行动前，他曾问自己的心腹：“历史上有宦官子弟当皇帝的吗？”

心腹回答得相当乖巧：“当年三国的曹操不就是咱们宦官的后代？”

这个回答，更坚定了曹吉祥造福家族子孙的决心。

天顺五年（公元 1461 年）七月初二，曹吉祥让侄子曹钦黎明时分率亲军入皇城，自己则率禁军在宫内接应。届时叔侄二人内外夹击，给朱祁镇来个出其不意，攻其不备，一举取而代之。

结果，曹钦军中有个将领是瓦剌人，他当年兵败被俘，迫于威势背叛瓦剌投降明朝，现在曹钦又要他背叛明朝降于太监，他不想做三姓家奴，他心里很纠结也很痛苦，于是找借口把消息给放了出去。

朝廷得到消息，立马做出应对。曹钦眼见篡位没了指望，直接杀奔奉命调查曹吉祥的锦衣卫头领逯杲家中，一刀结果了他的性命。他正想去杀另一位调查官员袁彬，结果朝廷大军已经赶来。曹钦大喊，都是逯杲逼我的，和我叔叔无关，随即跳井自杀。但朱祁镇并没有相信他的话，三天后，曹吉祥被凌迟。

平定叛乱后，朱祁镇正式升任袁彬为锦衣卫指挥使。

这个袁彬也是朱祁镇的恩人之一。当年土木堡兵败，朱祁镇被俘，众多侍从抛下朱祁镇不顾，仓皇逃命，唯有袁彬和哈铭跟随朱祁镇寸步不离，吃饭穿衣、行走睡觉，与瓦剌交涉等一切事务，全由袁彬承担。他对朱祁镇的照料可谓无微不至。

朱祁镇复位以后，也算是知恩图报，立刻给袁彬加官晋爵，所请之事无不听从，各种厚赏纷沓而至，并时常召袁彬入宫，君臣二人共忆当年患难之事。

可惜，剧情到这里发生了转折，不再是一个落难帝王和护驾忠臣终得圆满的童话故事。让这个童话破灭的，正是门达。

门达也是“夺门”功臣之一，论官衔还在逯杲之上，但在行使职权时，他却要听命于逯杲。现在逯杲被曹钦弄死，最高兴的就是他了，他连忙不失时机地在朱祁镇面前刷存在感，非常“敬业”，终于得到宠信。

门达走红后变得飞扬跋扈，穷凶极恶，为了向皇帝邀功，他经常制造冤假错案，含冤而死者不计其数。对此，朱祁镇不闻不问不查，任他胡作非为，因为，他需要这样一个便于行事的爪牙来维护自己的统治。当年的往事，真的把他吓坏了，也使他的心日益黑化。

放纵佞臣的结果就是众臣被门达搅得日夜惴惴不宁，纷纷向他行贿，以求自保，甚至连皇亲国戚都弯下了曾经高傲的腰。最后，满朝文武只剩下袁彬和李贤二人不肯与其同流合污，因而成了门达的眼中钉、肉中刺，恨不得下一秒就将他们连根拔起。

天顺七年（公元 1463 年）4 月，一个特务向门达举报，袁彬的岳父从事经济诈骗。门达大喜过望，张冠李戴，将袁彬定为此案主犯。对此，朱祁镇没有过问。

见皇帝没有为袁彬撑腰，门达索性放开了手脚，给袁彬罗织各种罪名，然后大刑加身，袁彬伤痕遍体，生不如死。对此，朱祁镇的态度是：“我不问过程，只要人活着。”

这寒冷心性连老百姓都看不下去了，一个叫杨埙的油漆工匠不惜冒死击登闻鼓为袁彬喊冤，口中大呼：“当年护驾之功你这么快就忘了吗？”

原来，朱祁镇为了树立自己知恩图报的美好形象，在为袁彬加官晋爵时，曾把他的护驾之功广而告之天下，现在，这件事被老百姓当众喊出来，朱祁镇就不能再不闻不问了。

可是，朱祁镇仍命门达重新审理此案。让制造冤假错案的人，去重审他制造的冤假错案，结果会变吗？

门达用尽酷刑，折辱杨埙，逼他承认是受首辅李贤指使，为袁彬开脱罪责，欲借此案将李贤和袁彬一网打尽。

杨埙假意受刑不过，屈打成招，却在午门外众臣会审时当场翻供，当众揭发门达如何逼他陷害李贤，袁彬也绝地反击，历数门达种种罪恶。善与恶的对抗进入了最激烈的阶段。

岂料，正义终究没有被伸张！

此案最后审判结果：朱祁镇拍板决定，判处袁彬绞刑，花钱买命，贬去南京；杨埙诬告门达，本应斩杀，念其救人心切，从轻发落，改为禁锢。

一霎时，朝中正直文武、天下善良百姓，都心凉了。他们终究想不明白，为什么当初知恩图报的皇帝，如今会变得如此黑白不分，毫无人性？其实答案很简单，只为那两个字——权利！

朱祁镇对袁彬的态度，并非简单的可同甘苦不能共富贵。

朱祁镇复位以后，他需要一些不分是非黑白、不管人间善恶、只听命于君权的爪牙，来帮助他控制群臣和整个帝国，他曾对袁彬寄予厚望，可惜，袁彬不是这样的人。

不过没关系，反正这样的人有很多，那就让袁彬挂个高官的虚衔在朝中养老吧，其他的事让门达来做。

可是谁曾想，门达和袁彬势不两立，朱祁镇必须二选一，要保鹰犬还是护恩人？朱祁镇权衡利弊，最终为了君权，选择了丧尽天良。

搞倒袁彬，门达得意至极，他正准备乘胜追击，再将李贤连根拔起，谁知在这关键时刻，他最大的靠山朱祁镇不行了。

门达有些慌了，他跟太子朱见深没有交情，根本没有巴结朱见深的机会，这是要落势的节奏啊！到时候被自己陷害过的人，还不趁机落井下石，痛打落水狗？这可怎么办呢？

门达冥思苦想，让他想到了一个人，这个人的人生有些不完整，但也正因为他不完整的人生，使他得到了接近太子的机会，这个人叫王纶，是朱见深的东宫旧人。门达根据惯例断定，王纶将来必受重用，此时不巴结他，更待何时？

和他产生同样想法的，还有翰林学士钱溥。钱溥曾奉命教宫里的太监读书，王纶还是他的学生，当时的尚宝丞朱奎以幼童的身份陪读，几个人相处得非常融洽。于是他悄悄派朱奎去与王纶拉关系。

王纶很给老师面子，随朱奎一起去钱溥家拜访，大家把酒言欢，共同展望美好未来——“钱老师你入内阁掌外朝，咱家入司礼监掌内宫，朱奎你做我们的联络官！那个门达，前几日来找过咱家，咱家答应保他继续执掌锦衣卫，到时候咱们四剑合璧，把李贤这么一砍，皇上还不是都听我们的？”

结果隔墙有耳，这件事被钱溥的邻居、李贤的队友内阁学士陈文知道了，随即在朝中暗暗传开，只是大家都不知道即将继位的新皇帝对这些人是什么态度，没人敢去举报。

朱祁镇死后，王纶以为自己即将当权，骄横跋扈不可一世；钱溥难掩喜悦，时时表露即将入阁为相的喜悦；门达有恃无恐，依然穷凶极恶，我行我素；朱奎根本不把朝中百官放在眼里。然而，他们错误地估计了形势，也看错了朱见深这个人。

朱祁镇的葬礼上，百官戴孝，举国哀悼。王纶不但不哭，还东张西望，完全对先皇驾崩没有一点哀痛之心。这一幕刚好被朱见深给看见了，非常不高兴。

掌印太监牛玉，因为王纶的崛起感受到了极大的职业危机，此时眼见朱见深心生不快，趁机数落王纶种种过错。朱见深脸色更差，但因为在父亲葬礼上，不好发作。

这天，朱见深刚因为万姐姐立后的事情遭到母亲及众臣的反对而心中抑郁无法释怀，李贤、陈文又来上奏：王纶等人结党营私，欲排除异己，制霸朝堂，架空圣上！

朱见深总算找到移情的事情了，下令彻查。

牛玉再次添油加火，百官对四人早已深恶痛绝，趁机群起攻之，纷纷弹劾，证据确凿。

按律，四人理当斩首，时逢新皇登基，天下大赦，故从轻发落：

案犯王纶，降为内使，下放南京；

案犯钱溥，下放顺德，降为知县；

案犯朱奎，降为盐课副提举；

案犯门达，发配广西南丹，充军。

凡平日与王纶有勾结者，只要王纶供词所提及者，全部降调外任。

诏令袁彬回京述职，继续担任锦衣卫指挥使。

朕对万姐姐的爱，你们俗人永远不懂

处理完王纶、门达一案，朱见深感觉心情舒畅了不少，他试探着问母亲和群臣：“大家觉得朕这件事办得完美吗？”

“皇上，您年轻有为，果断英明，荡平朝中宵小，这件事办得非常完美！”

“那么母亲，诸位爱卿，既然我这么英明，你们觉得朕先前的那个提议英明吗？”

众人无语。

这件事朱见深最终也未能如愿，最后只能按照少数服从绝大多数的会议精神，立吴姑娘为皇后。然而，吴姑娘入宫之后才知道，自己仅仅是一个名誉皇后，作为朱见深的合法妻子，她根本得不到丈夫的半点迷恋和宠爱。

对于丈夫喜欢“老宫女”这个爱好，吴皇后也是百思不得其解，后来索性也不想了，只是安心地做皇后。

可是，万贞儿仗着朱见深的王之宠爱，根本不把吴皇后放在眼里，在吴皇后面前僭越后宫之礼不说，还经常颐指气使，指桑骂槐。

吴皇后很生气，但也没有办法。这让万贞儿觉得，吴皇后很好欺负，于是变本加厉，越来越嚣张。吴皇后见她越来越没规矩，有时忍不住批评几句，每次万贞儿都怒怼回去。有一次，吴皇后被怼得实在忍无可忍，便让宫人将万贞儿拖倒在地，结结实实地打了一顿板子。

在等级森严的封建时代，皇后杖责妃嫔，本来也不是什么大事，可偏偏被打的这个人是皇帝的“白月光”，后果可想而知。

朱见深怒不可遏，要找吴皇后理论，万贞儿这时又做出楚楚可怜、善解人意的模样，拦着朱见深，不让他把事情搞大。

第二天一早，朱见深就去见两宫太后，说吴皇后举止轻佻，不守礼法，不配当皇后，必须废了她！

对于儿子废后的要求，嫡母钱太后觉得完全没有道理，旗帜鲜明地表示反对。这时亲妈周太后的意见就变得非常重要了。周太后也觉得儿媳妇没有过错，是个合格的皇后，不该被废，但由于情敌表态反对，那么就顺便溺爱儿子一下好了。

两宫太后这关勉强过了，文武百官这关可没那么容易过，被逼急了的朱见深非说真正的皇后应该是与吴皇后一起参加选秀的另一名女子——王姑娘。

最后，这场宫斗闹剧的结局是，吴皇后被打入冷宫，贤妃王氏成了皇后，想借机立万贞儿为后的朱见深吃了个大大的哑巴亏。

王皇后是个软性子，知道朱见深对万贞儿爱的特殊，宠到极致，索性处处退让，甘心做个傀儡皇后。

最可怜的是吴氏，仅做了一个月零一天有名无实的皇后，不满十八岁就被贬居在冷宫了。

对此，朱见深仍很愧疚，但他也很无奈，既然无法让万姐姐统领六宫，那就给她更多的爱吧。因此，万贞儿以 37 岁高龄，生下了朱见深的第一个儿子，朱见深喜出望外，立即封万贞儿为皇贵妃，并许诺立这个“幸运儿”为皇太子。

然而，一年后，这个孩子竟然夭折了，这也是万贞儿一生中唯一的儿子。据清代张廷玉等人所修《明史》记载，经历丧子之痛以后，或许是万贞儿担心别人母凭子贵，冲击自己的受宠地位，她彻底黑化成了“杀人狂魔”——后宫怀了孩子或者生了皇子的嫔妃，就会受到她的残酷迫害，导致“饮药伤坠者无数”。

而后宫嫔妃们迫于万贞儿在宫中的权势，以及皇帝对万贞儿超越常理的宠爱，也只能把眼泪往肚子里咽。

到成化五年（公元 1469 年），柏贤妃终于生下一个皇子，可把朱见深高兴坏了，大事庆贺，取名佑极，并立即立为皇太子。结果第二年，皇太子突然生病了，病势来得凶猛，令御医们束手无策，一天一夜后就夭折了。

朱见深哭得死去活来，宫人太监们也觉得太子病得奇怪，暗中寻找答案，果然疑点一一指向了万贵妃，但是没有人敢去告发。

朱见深也不是傻子，这时也猜测出了大概，但因为爱，他并没有拆穿。

这更给了万贞儿在宫中一手遮天的资本，也给了一些势利小人攀龙附凤的机会，比如，当朝首辅万安竟主动跑去认万贞儿为姑姑，内侍梁芳与外戚万通沆瀣一气，进献魅惑之术。

总之，凭着朱见深古来少有的畸形爱恋，万贞儿一个没有家世背景的草根女子，彻底完成了逆袭，在朝中建立起了属于自己的利益纽带，结党营私，危害社稷，虽然这可能不是她的本意。

历史上受到专宠的妃子很多，但若论情况之离奇，谁也比不过万贞儿。万贞儿以一个比皇帝大 17 岁的宫女的身份夺得专宠、幸冠后宫，这在今天看来也是很难让人接受的，更何况是在封建时代的明朝。但富有心机的她确确实实做到了，在与朱见深 20 多年的感情里，万贞儿成功地将母亲、初恋情人和政治盟友三个角色融为一体，让朱见深对她依赖、留恋，兼有佩服，更令他们的关系成为一段密不可分的联盟。万贞儿从宫女到贵妃一步登天地创造了奇迹，所有是与非也都是仁者见仁、智者见智了。

明与清的宿仇，从这里就开始了

尽管后宫一塌糊涂，但作为大明中兴的奠基人，朱见深的政治表现还是可圈可点的。

甫一登基，他便铲除逆臣，重用李贤、商辂等栋梁之材，严明刑法，整顿吏治。不仅如此，他还与民生息，减免赋税，约束权贵，为大明百姓创造了较为舒适的生活环境。

当然，如果仅仅如此，他也只能说是一个合格的守成之君。相比于他爸爸朱祁镇，他最大的优点就是知错能改。

话说当年，朱祁镇“夺门之变”给大明江山笼罩上了浓厚的阴霾，在恐怖的政治气氛下，文武百官和天下百姓无不胆战心惊。如何缓解紧张的政治局面，减轻政治对国民经济、百姓生活的影响，成了朱见深亟待解决的问题。

朱见深深深明白，得到天下人的认同，要从承认错误开始。

首先，他决定给当年坚决放弃“战俘”，却不遗余力保护朱家基业的于谦平反。尽管于谦在“土木堡”“废太子”两件事上或多或少坑了朱见深父子，但他对大明的忠诚却是有目共睹的。

当然，就算承认错误，也要讲究方式方法。所以朱见深给于谦的平反诏书是这样写的：

于谦是个好同志，在国家安全、国家发展方面，做出了重大贡献。

我爸爸后来才发现自己受到了徐有贞、石亨等佞臣的蒙蔽，也处置了他们，并准备给于谦同志恢复名誉，怎奈天不假年，没有做成。我知道于谦是个好同志，是个大忠臣，同时也为了完成爸爸的遗愿，决定给于谦平反！

解决完于谦问题，摆在朱见深面前的就是二叔朱祁钰了。对于这个人，朱见深从感情上没有办法直接原谅，毕竟他做的事情对自己和爸爸的伤害很大。但是，这个人又是缓解局面的关键——如果连这样的伤害都能宽恕，说明年轻的皇帝胸怀非常宽广，大家是可以放开手脚在他手底下做事的。

况且，如果朱祁钰当时不站出来，大明也许早成为“南明”了。

公元 1475 年，朱见深最终决定公正、客观地给二叔一个身份，追谥朱祁钰为“恭仁康定景皇帝”。

朱见深表示，二叔的所作所为，有特殊的历史背景，情况相当复杂，朕完全可以理解和体谅。至此，笼罩在大明上空十八年的“夺门之变”的氤氲，终于云开雾散。

满朝文武为之惊叹，天下百姓一起点赞，一个明君由此诞生。

他驭下的手腕也不一般。

朱见深甫一上台，就发生了臣子结党事件，这让他对朝臣早早起了防范之心。如果想防范一些人，同时又准确摸清他们的底牌，该用什么方法？老祖宗早已给朱见深提供了明确的思路以及切实可行的方法，没错，就是利用特务组织监管天下。

这个特务组织，可以是锦衣卫，也可以是东厂，但朱见深觉得，这两家机构未能与时俱进，未能建立起“以皇上为核心，以服务皇上为己任，以为皇上排忧解难为殊荣”的良好组织文化，未能做好思想政治工作，保证组织上下与皇帝一条心，所以他着手组建了一个新的组织——西厂，由万姐姐的贴身太监汪直担任第一任厂督。

西厂的主要工作任务同样是侦查民臣的言行。西厂成员从锦衣卫中选拔，额定人数要比东厂人数多一倍，朱见深又把东厂与锦衣卫的职权一起打包给了西厂，它可以对疑犯用私刑，可以不向皇帝奏请随意逮捕朝中大臣，权焰更在东厂之上。

西厂的出现打破了东厂与锦衣卫的权力垄断，破坏了东厂与锦衣卫常年相互维持的某种默契平衡，形成帝国监察机关三权分立的局面。为了生存与竞争，东厂与锦衣卫除了与西厂相互倾轧外，不得不更加努力、认真地工作，一时间两厂一卫齐出，监控网遍布天下，谁还敢对皇帝做出不忠之举？

对内管理效果显著，对外朱见深也不含糊。

比如有一次，建州女真的首领爱新觉罗·董山，就是努尔哈赤太爷爷的爷爷，带着族人到大明边境抢劫商旅，碰巧遇到了大明正规军。

董山也相当彪悍，不仅照抢不误，还顺带收割了明军带队首长的人头。

消息传到京城，与他爸爸当年对瓦剌扰边的反应一样，朱见深也是拍案而起，怒发冲冠，觉得不好好教训一下这帮女真人，大明的威严与自己的面子就都无处存放了。

但他没有像他爸那样草率，而是细致规划，周密布局，认真筹备，他要用这一仗，打出大明军队的气势和军威。

首先，他任命曾参加“北京保卫战”的勋将赵辅为帅，让他组织精锐部队，随时待命。

同时，他以“世界警察”的姿态，发布联合出兵公告，号召友好邻邦组团去董山家“参观游览”。

与建州女真毗邻，不胜其扰的朝鲜国（时称高丽）第一个站出来表示支持，随即派出大将重兵响应明军行动。

因为准备工作做得好，战斗策略稳准狠，明鲜联军以完全碾压之势迅速解决战斗，董山伏法，建州女真被杀者千余人，明军夺回奴隶一千多人，破寨四五百座，牛、马、家畜等积蓄也都荡然无存。建州女真一蹶不振。史称“成化犁庭”。

接下来，在怎么处理董山族人这个问题上，朱见深犯了难。董山被诛乃咎由自取、罪无可恕，但他的族人只是听命令干活的，最多算是从犯，斩尽杀绝未免太残忍了。

朱见深见董山已经伏法，建州女真元气大伤，而且已达到了扬大明之威、震慑邻国的效果，于是网开一面，留下了董山族人的性命，只流放董山弟弟及几百名壮勇去边远地区充军，为大明戍边。

结果这个仁慈，却给大明埋下了灭国的隐患。

篇六

拨乱反正者——“宠妻狂魔”朱祐樘

这时，身旁给朱见深做头的太监张敏“噗通”一声跪了下来：“皇上，你若能恕奴才不死，奴才就把一件天大的事情告诉你！”

朱见深：“敏敏啊，你要是不说，肯定会死，你要是说了，朕衡量因果，还可以考虑考虑。”

……

……

想当年，朕差一点就胎死腹中

时光如水，岁月如梭，转眼间，朱见深的年龄也不小了。

这天，朱老板在宫中梳头，猛地发现，自己头上竟然一闪一闪亮晶晶的，细一看，是一根白头发。朱老板禁不住无限感慨，悲从中来："不孝有三，无后为大，我对不起列祖列宗啊！"

这时，身旁给朱见深梳头的太监张敏"噗通"一声跪了下来："皇上，你若能恕奴才不死，奴才就把一件天大的事情告诉你！"

朱见深："敏敏啊，你要是不说，肯定会死，你要是说了，朕衡量因果，还可以考虑考虑。"

张敏只得从实招来："皇帝陛下，其实，您有后……"

这话如晴天霹雳瞬间轰顶，直接把朱见深给雷呆了。

张敏见状，赶忙提醒："陛下，你可记得瑶族少女纪姑娘……"

纪姑娘，娘家本是朱氏集团下属广西分公司的瑶族土司，因为和董事长闹意见，吵着要分家，自己当老大，结果被满门清算。纪姑娘受到牵连，被抓去朱家豪宅——紫禁城，做了一名替皇帝管理私房钱的女仆。

纪姑娘怀了龙种后，万贞儿就得到了风声，就两个字：不行！

万贞儿派去除掉朱祐樘的人突然善心大发，对万贞儿编了个谎话，说纪姑娘只是腹内长了个瘤子，根本没有怀上孩子。

即便如此，万贞儿还是放心不下，直到将纪姑娘打入冷宫才肯作罢。就是在这样的情况下，大明第一暖男诞生了。

然而，不知是谁又走漏了风声，万贞儿得到消息，派张敏去结束孩子的性命。张敏不忍心伤害小孩，也不忍心皇上断子绝孙，冒死帮纪姑娘把小皇子藏了起来，平日以米粉喂食。

多疑的万贞儿又数次派人前来查找，均未找到。直到六年后的这天，事情发生了转变……

当即，朱见深派使者前往冷宫，前去迎接他素未谋面的儿子。

使者来到冷宫，纪姑娘抱着儿子又喜又痛：“宝贝，去吧。你见到一个身穿黄袍面上有须的人，他就是你的爸爸。”

小皇子穿着小绯袍，乘小舆，来到皇宫。直到此时，朱见深才见到自己的亲生儿子。那孩子，头上的胎毛已经拖到地面。他怯生生地看着朱见深，心中全是戒备，眼里全是泪水。

此情此景，令朱见深百感交集，再一次泪流满面，他抱起这个孩子，喃喃自语：像我，太像我了。然后立即宣布：这孩子以后就叫朱祐樘，是我的法定接班人！

消息一传出，惊呆了满朝文武！

万贞儿更是惊呆了。

惊呆过后，万贞儿开始动手。

——纪姑娘不明原因暴毙，享年 24 岁。

——张敏亲自演示了什么叫吞金。

——朱祐樘虽然没有被毒死，但也留下了后遗症。

好不容易认了爹，立即就没了娘，小佑樘内心的感受可以想象。幸亏还有太后奶奶疼他，决定亲自带娃，他被保护起来了。

万贞儿不甘心，一计不成，又生一计——毒不死你，就废掉你。

因为害怕朱祐樘登基以后报复，万贞儿开始允许后宫的嫔妃们有自己的孩子。

俗话说，物以稀为贵，朱见深的孩子多了，朱祐樘在他心目中的地位就开始滑坡。

得益于万贞儿枕边风的狂吹，朱祐樘的太子之位岌岌可危！

就在这千钧一发之际，泰山地区发生了地震。在当时，泰山有皇太子的喻义。

天灾一出，群臣立刻上书——“苍天发了怒！如果强行换太子，后果你承担不住！”

朱见深怕了，下令不准再议废太子之事，朱祐樘的地位这才稳定下来。

万贞儿无计可施，抑郁成疾，乃至一病不起。

成化二十三年（公元1487年）正月，万贞儿因病去世，时年58岁。

朱见深听闻噩耗，悲痛欲绝。从此，朱见深的生命没有了“精神支柱”，7个月后，带着对万姐姐的无限思念，朱见深驾崩，享年41岁。

就这样胆战心惊地活到18岁，在万阿姨和爸爸相继去世以后，朱祐樘得以登基继位。

大难不死，就是为了努力做到中兴

如果按正常剧情发展，长期在这种黑暗扭曲的环境中苟延残喘，朱祐樘理应成为一个忧郁王子，一个愤怒青年，一个站在权力巅峰疯狂复仇和呐喊的大明版哈姆雷特。

可是朱祐樘并没有，他不想让自己的人生变成王子复仇。他表示，人都死了，还记着仇恨做什么?

尽管传说妈妈是被万阿姨害死的，但是，当一些别有用心的官员上疏要求追责时，朱祐樘做了一票否决。他觉得这样做太对不起他爹。

朱祐樘的前半生没有享过福，却遭了很多罪，受过无数恶毒的伤害，但最终却又选择了宽恕，这就是明君的胸怀与气度。

朱祐樘的治国思路很开放，不拘泥守旧，敢于大胆纠正他爹的错误路线，果断扳正发展路线。由于朱见深执政期间沉迷佛道，致使许多别有用心的人混入朝中，朱祐樘诏令官员不可盲目崇信宗教，将前朝的法王、国师、真人、国子等封号一律革除，处死祸乱朝纲的恶僧继晓，文武百官齐声叫好。

在人事安排上，朱祐樘完全来了一次大换血，他对前朝的“纸糊三阁老”“泥塑六尚书”及奸佞小人如侍郎李孜省、太监梁芳、万贵妃的弟弟万喜等人，毫不手软地做了处理，将内阁首辅万安罢官，将梁芳下狱，将李孜省流放，同时，罢免右通政任杰、侍郎蒯钢等千余名为非作歹的官员，但他并没有像他的祖先一样大开杀戒。比如，李孜省、梁芳、万喜三人论罪都可以死一百遍，但除了李孜省病死狱中，其他二人都活到寿终。

在用人准则上，朱祐樘唯贤唯德，大量重用贤才之士，形成“弘治朝中多君子”的太平盛世局面。他制定了严格的干部考核制度，提拔选调官员以政绩为主。他执政期间，名臣辈出，其中谢朝宣、李韶、陈金、沐昆等人皆是有明一代最具远见的边臣能吏。

他还将四品以上官员名单贴在宫内文华殿壁墙上，平时熟记，做到心中有数，意在掌握官员动态，不受小人蒙蔽。他每天上朝听政，除早朝外，还恢复早已废弃的晚朝制度，他常批阅奏章到深夜，即使再累，也不允许太监代劳。

朱祐樘能够活下来虽然是太监的功劳，但他并不像列祖列宗一样将太监视为心腹。鉴于此前宦官专权乱政的深刻教训，朱祐樘对宦官的管束极为严格，东厂、锦衣卫再不敢任意行事，只能奉守本职，因而几任锦衣卫指挥大致都能持法公允，用刑宽松。这是明朝中后期极罕见的现象。

与之相反，朱祐樘对待其他下属却很宽厚，能推心置腹，从未用鞭刑这种侮辱性极强的方式责罚大臣，因此，君臣之间亲密无间。

他还广开言路，虚心纳谏。每天的早晚朝之外，还每天两次在平台召见有关大臣议事，史称“平台召见”。

他很爱护武将，如马文升在兵部尚书任上，一次就罢免了 30 多名不合格的军将，得罪了许多人，朱祐樘坚定地支持马文升整治军队，甚至还特地派一些大内侍卫保护马文升。他下令，任何人不得随意役使团营军士。

这样，一大批廉洁、勤奋、有事业心、以国为家的贤臣得以有机会施展才干，出现了历史上少有的良臣大集合。

朱祐樘不仅对下属非常好，对百姓也非常体恤。他常常减免地方的赋税，基层干部奏报因灾情免赋的要求，他都无一例外地下旨同意。免税粮之外，他还给贫民免费送麦种、耕牛，并屡次下诏，禁止宗室、勋戚侵占民田，鱼肉百姓，极大地缓和了社会矛盾和社会危机。朱祁镇、朱见深执政期间，农民起义时有发生，有几次声势还相当浩大，而到了朱祐樘临朝期间，却几乎没有出现大规模暴乱。

朱祐樘对自己人好，对外敌可不含糊，他非常重视军事建设，始终秉持着一寸山河一寸血的精神，努力维护国家的统一。

蒙古小王子看朱祐樘性格宽容和善，以为软弱可欺，多次领兵犯边，结果每一次都被朱祐樘狠狠打了回去。

羽奴思和他的儿子阿黑麻夜郎自大，与明朝争夺吐鲁番地区的控制权，当时朝中有人觉得，为了一块偏远属地，不值得大动干戈，朱祐樘怒了：这不是该不该打的问题，是一定要打！

随即，马文升在朱祐樘最高精神的指示下，狠狠地教训了外来入侵者，让他们深刻认识到了，什么叫大国军威！

总之，朱祐樘在位期间，勤于政务，大开言路，任贤使能，吏治清明，国家兴盛，领土完整，大明在他的带领下，又迎来了一个盛世——“弘治中兴”。朱祐樘也有了属于自己的时代。

那时候车马慢，一生只够爱一人

然而，不管事业做得多么成功，朱祐樘的内心都无比的空洞——他，需要亲情。

这个孩子，从小不是有妈没爸，就是有爸没妈，如今君临天下，他想好好体味一下亲情的滋味。

他派人去母亲的家乡寻找族人，结果，广西的地方官员给他找来一大堆骗子。

他也不生气，也不管是真是假，索性全都认下。他心里有个缺陷，亟需亲情去填补。

这种稀缺的亲情感，后来终于有一个女人给了他。

那个女人姓张，原本也是个调皮任性的姑娘，16 岁那年，通过选秀，成了太子朱祐樘的另一半。

然后，两个人就开始“你只爱我一个，我守护你一生”了吗？并没有。和历史上绝大多数皇帝一样，朱祐樘一登基，就开始考虑集团未来继承人问题。

这时有个叫郭镛的宦官，想领导之所想，急领导之所急，郑重提出建议——选妃。朱祐樘表面说交给礼部处理，其实，内心深以为许。

然而，有一帮不懂事的大臣害怕皇帝被红颜误国，跳出来反对说：“丁忧三年啊皇上，你爹才死几天啊皇上！”

朱祐樘尴尬极了：“哎呀，多亏你们提醒，我差点给忘了！”

在朱祐樘三年丁忧期结束后，当大臣们为继承人着急的时候，皇帝不急了。他死心塌地地爱上了张皇后，从此只与你一人，共枕到白头。

在古代，哪一个九五之尊不是妻妾成群？

正因如此，朱祐樘的特立独行，让亲朋好友和广大下属同志们操碎了心。

朱祐樘的叔叔朱见潚（sù），也觉得一夫一妻制对皇家来说不靠谱，于是多次劝说朱祐樘。

结果朱祐樘就笑笑，不说话。

朱祐樘，他只想一心一意守护他的妻子，一生只有一个儿子，谁劝都没有。

朱祐樘一心一意做他的宠妻狂魔。张皇后口腔溃疡，朱祐樘亲自为她端送药汤，都不敢大声咳嗽，生怕吓到自己的老婆。

朱祐樘爱张皇后，爱到深处就成了爱屋及乌。张家因此“姊妹弟兄皆列土，可怜光彩生门户”。

张皇后在未嫁给朱祐樘之前，曾有个前任叫孙伯坚。可是孙前任不幸生了重病，两家最终解除婚约。奇怪的是，婚约一解除，孙前任的病居然也好了。

朱祐樘为了感谢孙前任的成全，让自己得到一份大好姻缘，于是给孙帅哥封官。

不过，朱祐樘虽然对妻子爱得投入，但并不爱得糊涂。

比如，自己的两个小舅子仗着恩宠作威作福。有一次，正直的官员们一起处置了二张侵占民田的家奴。导致张皇后暴怒。朱祐樘为了哄老婆开心，做样子，把这些官员狠狠责骂了一番。

然而，事后他又私下跟当事人道歉，说自己是不得已之言，并拜托大家不要把此事传到外面，以免其他官员吓得不敢进谏。更有趣的是，他还自己掏腰包，给每个人发了一个大红包，让大家压压惊。

还有一次，这两个不争气的小舅子遭到御史们联名弹劾，朱祐樘知道是小舅子作恶，却又不忍处罚他们，只好对御史们说：“朕就这一门亲戚，恳请大家放过。”

结果御史们很生气。

朱祐樘为了缓和御史们和张家的关系，亲自出面请大家去张家吃酒席，结果御史们集体固拒，朱祐樘不得已，只得下旨硬请。

御史们到张家后发现，酒席竟然是以皇家规格办的。皇帝如此低姿态，请朝臣们放过老婆娘家人，恐怕历史上再也找不出第二个。

这样的男人，既懂得讨好老婆，又不耽误治国。

然而，这样一个好皇帝、好男人，年仅三十六岁便因病去世。

弥留之际，朱祐樘把一众阁老大臣召到身边，说了自己最后的遗言：“朕为祖宗守法度，不敢怠玩。凡天下事，先生们多费心，我知道……朕蒙皇考厚恩，选张氏为皇后，成化二十三年二月十日成婚。至弘治四年九月二十四日生东宫……东宫聪明，但年幼好逸乐，先生们请他出来读些书，辅导他做个好人。”

在生命的最后一刻，他回忆起最深刻、最重要的两个日子，一个是结婚纪念日，一个是儿子的生日……

都说好人让人心疼，朱祐樘犹如是。

他出生时没有父爱，幼年又失去母爱，在危机四伏的皇宫中，独自一人，孤苦伶仃。

他站在了权力巅峰，却没有恣意暴行，反而处世宽容，待人以诚。

或许，正是张皇后以及张家人的到来，弥补了他童年的缺爱。尽管，这家人在史书上的记载并不光彩。

纵观朱祐樘的一生，他是个好皇帝，是个好人，更是个好男人。

尽管治理江山，他不如那些千古一帝，但于感情一事，朱祐樘可谓至纯至真。

兴盛了社稷，也守住了美人。

朱祐樘不负天下，亦不负爱情。

他，实在是明朝中后期皇帝中的一股清流。

朱厚照这娃，委实不像他啊

在皇权至上的时代，多少人为了获得象征最高权力的皇位，六亲不认，血肉至亲之间相互插刀。

但有一个人，皇位对他来说并不是至高无上的向往，而是通往自由的枷锁。

究竟是谁，这么另类？

他就是朱祐樘的亲生儿子——明武宗朱厚照。

朱厚照有一个好爸爸，工作狂人 + 宠妻狂魔 + 爱娃狂奴，结果，他英年早逝，三十几岁就去世了。这让朱厚照明白了一个道理：人生苦短，要及时行乐啊！

作为朱祐樘本就不多的两个儿子中唯一存活下来的一个，朱厚照从小就受到了爸爸的特殊关照。仅老师就给他请了八个之多。

这表示什么？这表示朱厚照上课溜个号，都会立马被打小报告。

因为是国家的未来继承人，朱厚照从小就必须遵守严格的行为准则。等到懵懵懂懂的年龄，马上又开始学习四书五经、帝王之术等等。可以说，他，基本被强行剥夺了小孩子该有的快乐。

然而，再厚重的铁门，也禁锢不了顽皮的灵魂。

朱厚照申请说：“报告老师，只学习文化知识怎么可以呢？没有强健的体魄，何以保家卫国？”

于是趁着课间休息，他就去玩蹴鞠。

“报告老师，我觉得光锻炼腿部肌肉不够，还要锻炼胸大肌，肱二头肌，肱三头肌、三角肌、肘肌、指伸肌……”

于是玩腻了蹴鞠，他又开始玩捶丸（中国古代一种类似高尔夫的运动游戏）。

就这样在重重约束下坚定不移地玩耍到十五岁，终于，约束解除了。因为，老爸驾崩了。

朱厚照从一个高压教育下的苦娃，变成了无人能管的皇上，天性瞬间得到解放。现在，论权利，天下我最大！

接着在刘瑾的引导下，朱厚照越玩越离谱。先是在宫中模仿街市的样子建了许多店铺，让太监扮作老板、百姓，自己则扮作富商，在其中取乐。

由于这时政治还算清明，朱祐樘给儿子留下了一套非常刚正廉洁的大臣班子，这些人不顾身家性命，联名上书请求严惩刘瑾等八虎，朱厚照刚刚即位，还缺乏驾驭群臣的能力，见到如此声势浩大的进谏，有些扛不住，想与群臣妥协，把刘瑾他们扔出来背锅。但就在这时，刘瑾痛哭流涕感之以情，使朱厚照又心软了。

第二天，朱同学出手惩治了首先带头进谏的大臣，内阁成员谢迁、刘健以辞职相威胁，结果朱厚照欣然批准，群臣失去了领头人，此事只好不了了之。

“八虎”在战胜了群臣之后，气焰更加嚣张，擅权跋扈。刘瑾带着朱厚照日夜作乐，朱厚照少了群臣监管，更加肆无忌惮，刘瑾也靠着朱厚照的宠幸权倾朝野。

宫里玩腻了，朱厚照说，皇宫生活如此寂寥，咱们建处别院可好？于是，北京城内就多了个地名——豹房。在这里，他做任何事都不用再听大臣唠叨，他可以恣意玩乐，也无须得到任何人的许可。他说，人生不应该就是这个样子吗？

那么，他就彻底玩物丧志了吗？不，不是这样的。朱厚照用亲身经历告诉我们：玩和工作是可以并重的！

事实上，豹房并不只是一个玩乐的地方，它还是朱厚照的另一个军事和行政中心。天生崇尚自由的他，虽然不喜欢针对帝王的限制与约束，但对于帝王的义务与责任，他还是很上心的。

据《明史·武宗本纪》记载，朱厚照虽然贪玩，但并没有把江山玩坏：该赈灾时赈灾，该减税时减税，该打仗时打仗，高考正常举行，人才考核、职位升降没有耽搁。虽然宠幸刘瑾这个大坏蛋，但后来除掉刘瑾也是杀伐果断。

有一件事足以说明朱厚照虽然胡闹，但并不糊涂。

朱厚照在位期间，有一次，浙江钱塘发生命案，死者死状很惨，身中 5 刀，刀刀致命，钱塘县令经过仔细、认真、严谨地审查，最后得出结论——自杀！

案件上报刑部，被驳回重审。杭州府重审后仍认定是自杀身亡，最后报到朱厚照那里，朱厚照看过卷宗，怒了：“你们糊弄谁呢？谁自杀能扎自己 5 刀！

最后，朱厚照亲自督办，最终查明凶手另有其人。

当然，工作的同时，朱厚照还是一如既往地玩耍。比如在奉天殿这么严肃的地方，他让猴子骑狗，然后鞭炮一点，那场面……

一本正经的大臣们实在看不下去了，纷纷上书规劝，说这段时间天灾不断，是老天在发难，皇上你能不能不要这样贪玩，好好工作，用实际行动向老天道个歉。

一般这种情况下，皇帝都会自行检讨，要面子的还会下个罪己诏。朱厚照怎么做的？——“天灾跟我有什么关系！”

大臣们一下子都惊呆了——我们这位皇帝简直是个混世魔王啊！不过在笔者看来，在 500 年前的封建迷信社会，能够做出如此科学的判断，非常难得。

众人皆醉我独醒，大智慧者王阳明

很哲、很正、很有范的王阳明这时站了出来，大骂刘瑾带坏了皇上，结果挨了一顿板子，被发配贵阳龙场。

正所谓“孔孟之后，宋有朱熹，阳明一出，天下大吉。”王阳明与孔子、孟子、朱熹合称为“孔孟朱王”，他集儒学与禅学于一体，自创盖世绝学——阳明心学。

王阳明的心学秘籍，取其精华，就四个字“知行合一”；心法口诀就四句话：无善无恶心之体，有善有恶意之动，知善知恶是良知，为善去恶是格物。

无善无恶心之体，是说人心本是自然的、天赋的，无善恶可言，绝不带有“原罪”。这里并不是否定伦理中的善恶之分，而是强调心原始的纯粹性、无执着性。和禅宗六祖惠能大师著名的四句偈“菩提本无树，明镜亦非台，本来无一物，何处惹尘埃”意思差不多。

有善有恶意之动，是说心里有了想法，这个想法就有了或善或恶的属性。

把这两句合起来解释，就是说心的最初状态是无善无恶的，所以万物本来也应该没有善恶之分。它之所以有善恶，全是人的想法强加的。

所以王阳明认为善、恶都是人的意念产物。人不该用自己的意念定性自然之物。我们对待万物的态度应该是客观的、无善无恶的。此之为

“无善无恶心之体，有善有恶意之动”。

知善知恶是良知，是说良知是一切的评判，以良知为准则，内心善恶毕现。正所谓心如明镜，自然高清。

为善去恶是格物，是说做人做事应时时处处坚守善念，并用良知不断省察自己，以使自己的一言一行符合“良知”，符合人心本有的价值自觉。

这两句合起来理解，类似《学生行为守则》是良知，同学们应该时刻以“守则”来约束自己，省察自己，让自己做个合格的好学生。

在王阳明看来，“理”就在人的心中，人应该知行合一，通过提高内心修养，去除私欲和恶念，从而达到人与社会的和谐运行，即“致良知”。以良知代替恶欲，就可以破除“心中的魔鬼”。

那么，王阳明的渊博学识究竟是怎么来的呢？王阳明的学霸属性，好像是天生的。

据说，公元 1472 年，老王家的儿媳妇怀胎十四个月还未分娩。可是，着急也没用，一家人只能在惶恐与煎熬中等待。

九月的最后一天，婆婆岑氏恍惚间看到一位红衣仙女从七彩祥云中款款走来，她手中抱着一个小孩对岑氏说：“这孩子归你了！”

岑氏猛然惊醒，就听见隔壁儿媳房间传来婴儿的啼哭声……有感于梦，大家一致认为这个孩子的来历很不简单，于是给他起了个非常高端大气上档次的名字——王云！

眨眼的工夫，王云就长到了五岁多，果然是来历不凡的孩子，非常聪慧，慧根极深，就是不会说话。

这可把全家人都急坏了。

直到有一天，王云正和小伙伴们愉快地玩耍，迎面走来一位样貌奇特的和尚，突然，和尚一巴掌拍在王云头上，非常惋惜地说：“娃很不错，可惜道破！”

道破是什么意思呢？也就是说，王阳明的名字——“云”，泄露了他出生的秘密，天上的人对此很不满意。

于是，王阳明的爷爷根据《论语·卫灵公》中的“知及之，仁不能守之，虽得之，必失之”，为他改名为“守仁”。多年后，王阳明筑室故乡阳明洞，创办阳明书院，故又称王阳明。

神奇的事情发生了！就在王阳明改了名字的第二天，他就能开口说话了！

据说，王阳明开口说的第一句话就是一大串圣贤语。

从此，王阳明在知识的海洋中恣意游弋，12岁那年，他向老师提出了一个非常尖锐的问题：“老师，什么才是人生的终极意义？”

老师回答：“当然是读书考状元做大官了！”

王阳明摇了摇头，表示不同意。先生火气直冲发髻，怒极反笑道：“小明！你说人生的终极意义是什么？”

“做圣贤！”说这句话时，王阳明的目光自信而坚毅。

此话最终传到了王家。

王爸爸得知以后，把王阳明一顿臭骂，差点就挨了打。

眨眼之间，王阳明就来到了17岁。他必须面对人生的重大问题——婚配。

结果，结婚那天，众人遍寻王阳明不见，整整一天后，才找王阳明藏身的道观——他正和一名道士相谈甚欢，因为聊得投机，竟把结婚这事儿抛给了九霄云烟。

婚后不久，王阳明又成了朱熹迷，因为有人告诉他：要明理，学朱熹。

朱熹，提出“三纲五常”的那位，主张“存天理，灭人欲”。用

“三纲五常”给人们画了一个框框，凡是想挣脱这个框框的欲望，都主张消灭掉。

这个思想，在当时的社会环境下虽然有一定道理，但主旨还是为统治阶级服务的。

朱熹还有句名言，叫格物致知。意思是，只有与事物亲密接触，才能明白其中蕴含的道理。

王阳明听了朱熹的话，就开始在家“格竹子”，瞪着一株翠绿翠绿的大竹子七天七夜，结果一无所获，还把自己弄病了。

病好后，王阳明对朱熹学说产生了深深的质疑，而接下来发生的事情，则让他的心灵产生了极大的震撼。

那一天，王阳明来到杭州虎跑寺，遇到一位正在打坐的大师，王阳明绕着人家转了一圈又一圈，然后很不礼貌地问道："大师，你想你妈妈吗？"

大师大哭："我想我妈妈……"

大师的话让王阳明豁然开朗。他开始明白，将天理和人心彻底分离是不可以的，人都有欲望，不可能被泯灭。强行用天理压制欲望，理论上行得通，实际上不可行。

就像那位大师，他再看破红尘、万事皆空，也不可能完全割舍对至亲的思念。

带着这种“错误的思想”，王阳明去参加科举，结果接连落第。

几经努力，28 岁那年，王阳明终于进士及第，他正想全心全意为人民服务，现实让他见识到了什么叫残酷。

这就来到开头的桥段，王阳明因为反对刘瑾当权，被朱厚照打了 40 大板，降职到贵州龙场驿，成了一名连弼马温都不如的小官吏。

王阳明在悟道时，始终无法放下自我，放下生死。于是他脑洞大开，就当自己已经死了，还有什么想不开的呢？

那么，王阳明悟出了什么呢？其实只有四个字：心即是理。

王阳明认为："理"在心中。把心放正，随心而动，万法自然，便是圣贤之道！

就此，中华文明史上一门伟大的哲学——心学，诞生了。

快把宁王放了，朕要再抓一次

这个时候，咱们的顽皮皇帝朱厚照觉得，偌大个北京城，已经装不下他了。他说，天下是我的，我要去看看。于是带着几个随从乔装打扮，想要偷偷溜出居庸关。

要不是守关的将领眼尖，发现皇帝并坚守原则，死活不给开门，朱厚照还不知道要走到哪里去了。

据说，当时朱厚照在居庸关内疯狂叫门："我是皇上，赶紧开门。"

巡关御史张钦手持朱厚照给他的尚方宝剑，端坐在关门旁，威武不屈，正气凛然，义正词严地表示："皇上说过，敢言开关者，斩！"

朱厚照无话可说，只好垂头丧气地回到紫禁城。事后也没给张钦穿小鞋，当然，表扬也是没有的。

然而，这还只是个开始。

没过多久，朱厚照听说大明与蒙古交界处的宣府美女多，乐了。出发！

他还堂而皇之地表示："我要遵祖训，天子守国门！"终于给自己的行为找到了一个正当理由。

朱厚照来到宣府，大张旗鼓营造镇国府，自封“总督军务威武大将军总兵官”，令兵部存档，户部发饷，有模有样。而且，直接就在这里常住了。

和很多男孩子一样，朱厚照从小就有一个英雄梦。可他的身份在那里，没人给他这样的机遇。

——朱厚照在镇国府和小伙伴们玩起了战争游戏，自己是大将军，其他人都是敌军，大将军一夫当关，万夫莫开，十分厉害。

没过多久，朱厚照又玩腻了。他总觉得这样的安排太假，他很想真刀真枪地打一架。就在他为没有对手发愁的时候，老天给他送来了一个对手。

公元 1517 年，蒙古小王子伯颜率 5 万铁骑前来约架，朱厚照的小心脏猛然兴奋了一下。他第一次主动班师回宫，并罕见地认真召开工作会议，当众宣布：“朕要御驾亲征！”

大臣们吓得汗流一地，劝得哭天抢地，70 年前土木堡英宗被俘事件依然让人心有余悸。

朱厚照说朕不是胡乱作为，朕这是谨遵祖宗的教导——天子守国门，君王死社稷。

于是，就这么愉快地决定了亲征事宜。

朱厚照血性爆棚，来到前线大同，化名朱寿，自称“威武大将军”，点将，出兵！

两军对战，威武大将军像亡命徒一样冲过去和敌人互砍，弟兄们谁还好意思畏缩不前？

此一役，在明朝军队手里从没吃过败仗的小王子被揍得彻底没了脾气。自此后，蒙古人好多年不敢南下。

天子守国门，君王死社稷！这是朱厚照作为一个帝王，所获得的极高荣誉。

就这样消停了两年，野心勃勃的宁王朱宸濠宣布造反，消息传来，朱厚照高兴了——我正闷得慌呢，老天就送来一个搞事的！

御驾亲征是必须的。大臣们再次哭劝，他阴沉着脸：谁再劝就拉出去砍了！

结果，朱厚照的队伍还没走到一半，前方传来坏消息——王阳明把宁王给活捉了！

朱厚照小脾气上来，索性把战报藏匿起来，不公开。然后就当什么事都没发生，继续亲征。

朱厚照自在了，可把王阳明给急坏了！——战报都送上去好多天了，皇上怎么也不给个答复呢？因为什么啊？

后来一打听，才知道皇上御驾亲征的伟大计划让自己给搅和了，当初被贬的经历历历在目，王阳明赶紧修正错误。

于是王阳明又写了一份奏折，大意是说，多亏了皇帝的英明领导，才使得宁王兵败如山倒，皇帝高明，皇帝霸道……等等。

朱厚照见王阳明认识到了自己的错误，也不好意思再装糊涂："朕最近实在太忙，都给忙忘了。小明，赶紧把宁王押过来吧。"

见到宁王以后，朱厚照心里太别扭了：我从那么远的地方过来，一场仗都没打，就带个俘虏回去？这不是让那帮大臣看我笑话吗？不行，得想个办法。

于是，朱厚照下令：把宁王放了，再打！朕要亲自镇压。

当然，这种操作都是在可控范围内的。

万万想不到，皇上竟把自己玩死了

回程路上，朱厚照游镇江，登金山，自瓜洲过长江，经清江浦，他见水上风景优美，鱼翔浅底，顿时又想扮演渔夫了。于是，朱同学自驾小船捕鱼玩耍。结果，收网时鱼太多，被渔网拉到了水里。朱厚照是土生土长的北京娃，水性不好，入水后手忙脚乱，一阵乱扑腾，亲侍们虽然把他救起来，但水呛入肺，加之惶恐惊悸，身体便每况愈下了。也可能是受惊加上秋日着凉，引发了肺炎。

公元 1521 年正月十四日，朱厚照在南郊主持大祀礼，行初献礼下拜天地时，突然口吐鲜血，瘫倒在地。两个月后，朱厚照带着没有玩够的遗憾，永远地离开了人间。

但是，你绝对想不到的是，这么一个任性胡闹的人，工作考核竟然是——合格！

朱厚照在位期间，大权没有旁落，领土没有被切割，江山没有失色，百姓凑合着过。刘瑾虽然被宠得权势熏天，但朱厚照并没有给他机会篡班夺权，该怎么办时就怎么办，动起手来毫不手软。

在历史界，对朱厚照的评价呈现了严重的两极分化，有人说他昏庸败家，有人说他是个能人奇葩。

其实，朱厚照是一个被严重低估的皇帝，他任性顽皮了一辈子，看似昏庸无能，其实厉害得很呢！

不过，朱厚照有生之年也有一个非常大的败笔——他没有子嗣。

在明朝，后宫设有六局女官，其中尚寝局专门负责皇帝的睡觉事务，主管文书房的太监还会记录皇帝的就寝事宜，以便日后有据可查。然而朱厚照同志上位后，不但革除了尚寝女史一职，还命令文书房太监不准记录关于自己私密生活的一切信息。

有一种说法是朱厚照厌恶皇宫毫无人性的生活，他不想让自己的孩子重蹈覆辙。

不管原因是什么，总之，朱厚照就这么后继无人的死了，他给大明留下的是长达 30 多天的权力真空期，以及权力争斗的契机。

篇七

从中兴到深渊，嘉靖、万历胡搞的那些年

朱厚熜猛然惊醒，正要喊人救驾，一团破布就被塞进了嘴里。大家一起动手，把朱厚熜的脖子套住，然后用力拉扯，掐脖子的掐脖子，按胸的按胸，拽手脚的拽手脚。

她们拔下自己的金钗、银簪，朝着朱厚熜身上便是一顿乱刺，扎得朱厚熜跟血葫芦似的。

……

……

他是谁的儿子，谁是他的父亲

朱厚照去了，虽然据说他拥有无数女人，但终究没能正式给大明江山留下一个法人代表，由于他死的有点突然，生前又坚决不肯在别人家孩子中指定一个皇太子，导致一时朝中无君，大家都不知道该让谁来继承遗产才合适。

当时在朝中代君行职主持日常事务的是内阁大学士杨延和，他之所以能够坐上这个位置，与朱祐樘老婆张皇后的提携有很大关系，他对张皇后很感激也很尊敬，所以带领临时领导班子前去征询当时已成为太后的张氏的意见。

张太后与众臣商议许久，最后决定立朱祐樘弟弟兴献王朱祐杬的儿子，也就是朱厚照的堂弟朱厚熜为帝，他们当时也没想到，自己竟然是“引狼入室”。

朱厚熜原本不过是个藩地小王子，还不是世袭罔替的那种，没想到人在家中坐，喜从天上来，一觉睡醒就要当皇上了。

在接朱厚熜来北京继位前，张太后和众臣已经内定，朱厚熜必须以朱厚照亲弟弟、朱祐樘亲儿子的身份来继承皇位，他原本的亲生父母，只能改称叔叔、婶婶。大家合议，等朱厚熜到京，先立他为太子，再让他登基。

所以，朱厚熜进京时，礼部官员给他的待遇是太子礼。对此，朱厚熜很不满，他重点强调：“我是来当皇帝的！不是来当太子的！”坚决不入城。

众臣也不知道如何是好，只好向张太后请示，张太后无奈做出让步。正德十六年（公元 1521 年）5 月 27 日，朱厚熜正式即皇帝位，次年改元嘉靖。史称嘉靖帝。

朱厚熜正式继位后，杨延和、毛澄等人即“建议”他将自己过继给先皇朱祐樘，大家都认为这是顺理成章的事儿，不过走个形式、办个手续而已。然而朱厚熜感觉自己情感上非常接受不了，表示“我要考虑考虑”。

他说要考虑，文武百官不愿意了：你继承的是孝宗、武宗父子的遗产，人家当初要是不让你继承，你不过就是个乡下小王子，你认孝宗为父，这既是理所当然，也是知恩图报，更是你的荣幸，你还要考虑考虑？

于是百官上书，要求朱厚熜按他们的想法，给朱祐樘父子一个名分。朱厚熜心中很是抗拒，让百官再讨论讨论。

言外之意是，现在我是皇上，你们好好想想，到底应该站在哪一边！

还真有人挺身而出为他站台，这个人叫张璁，是新科进士，在朝中没有什么背景，所以他很想靠上新君这棵大树，将来好平步青云。于是他来了一通雄辩：“皇上是太祖的子孙，继承的是太祖的大统，皇帝的亲爷爷是宪宗皇帝，爷传孙有问题吗？所以不管出于孝道、礼道、人伦，皇帝都应该迎接亲生母亲做我大明的皇太后！”

张璁这通彩虹屁虽然拍得朱厚熜很舒坦，但把百官拍得怒发冲冠了。张璁也不想想，朱厚熜的妈妈要是做了皇太后，张太后怎么办？没了太后头衔，你让她以后在朝中如何立足？百官大多是朱祐樘的铁杆部属，也是张太后的忠实拥趸者，他们岂能允许这种事情的发生？

于是，张璁以一己之力面对百官围攻，被逐出京城。

此情此景让朱厚熜深刻认识到，自己帝位未稳，还不是与群臣对抗的时候，只好被迫接受群臣意见，尊自己的爸妈为“兴献帝”“兴国太后”。

但是，朱厚熜在心底已经和群臣以及张太后较上劲了。

公元1523年初，朱厚熜有了一定的权力资本，下令将自己父母的封号改为“兴献皇帝”“兴献皇太后”，礼部尚书毛澄第一个站出来反对，并表示你不撤销命令，我就辞职，朱厚熜派身边的小太监替自己向毛澄磕头，请他网开一面，毛澄固拒，此事只好作罢。

公元1524年，这场“大礼议”之争仍在继续，争论的结果是朱厚熜与群臣各退一步，朱厚熜改称亲爹为“本生皇考”，称朱祐樘为“皇考”。虽然这个称呼仍然打折，但至少朱厚熜在争执中又取得了一点胜利。

原本大家以为，事情到了这里就可以打住了，彼此给对方留点余地。可这时，张璁回来了，这人一回来就跟朱厚熜进言，说“本生皇考”和“皇考”差之两字，区别千里，这是那帮大臣在和您玩文字游戏啊皇上！

这时候，杨廷和那些老臣，死的死，退休的退休，权力已经被朱厚熜紧紧抓在手中，张璁的煽风点火使他心里压抑已久的不满瞬间就炸了，强行封自己亲爹为“皇考”。

群臣得到消息，以杨廷和的儿子杨慎为首，一群人到左顺门伏地大哭，对朱厚熜的做法表示强烈不满和抗议。朱厚熜派人劝他们散场，群臣非但不散，反而做了好多朱祐樘的神位举在手中，痛哭流涕，声传十里，场面相当震撼。

朱厚熜这时候完全丧失了理智，开始抓人，一次性抓了200多，又对领头人杨慎、张原大板子伺候，张原直接被打死，杨慎被削职为民，其他人开除的开除，充军的充军，史称“大礼狱”。

铁血手腕之下，朝中终于没有了反对的声音，朱厚熜终于将自己的父亲封为皇考，母亲封为皇太后。解决了他是谁儿子、谁是他的父亲的难题。

如果事情到这里就结束了，朱厚熜的所作所为也还可以理解，算是他为人子的一片孝心，但他在大权在握以后，却将矛头直接对准了给他皇位的张太后。

他不但削减了张太后的宫中用度，调走张太后多年的忠实奴婢，使张太后孤苦无依，还屈打成招，以谋反罪名在诏狱中打死了张太后的弟弟，张太后屈尊降贵苦苦求情却遭闭门不见，最后被活活气死。

朱厚熜如此绝情，连那些原本不敢和皇上做对的大臣都看不下去了，纷纷上书，要求厚葬张太后，结果，朱厚熜还是只给了张太后一个简单的葬礼。

朱厚熜不管别人怎么说，是不是合情合理合法，他只按自己的想法来。朱厚熜这种任性、蛮横、一意孤行的性格，也给大明的堕落埋下了伏笔。

姐妹们一起动手，干掉这个男人

在强行解决“谁是我爸爸”这个棘手问题以后，朱厚熜终于尝到了权力巅峰的滋味，原来有权真的可以为所欲为，他觉得，如果这份权力能够旷日持久，那一定是非常美妙的事情。

其实，从嘉靖二年（公元 1523 年）开始，朱厚熜就逐渐将精力投入到了宗教活动中，这与朱祐樘当年的治国理念背道而驰，所以毫无意外地，一些正直的大臣开始上书规劝，并一针见血地指出，某些神棍就是骗子，但朱厚熜则认为，宗教信仰是他的个人自由。

在大量服用据说可以延年益寿，甚至白日飞升的灵丹妙药以后，朱厚熜发觉自己的身体的确产生了变化，朱厚熜觉得，这是灵丹显灵了！所以他开始加大服用量。最后，朱厚熜成了明朝皇帝中堕落最快的一位，那一年他才 17 岁。

随着时间的流逝，朱厚熜对于宗教的执念越来越深，他不但将宗教作为自己的精神支柱，而且还作为治国的依据。为了炼成不老神丹，他大量征召幼女，造成大量宫女死亡，侥幸不死者，也往往落下残疾。

终于，宫女们忍无可忍，暴动了！公元 1542 年 10 月 21 日夜，嘉靖朝发生了有史以来独一无二的宫女组团刺杀皇帝事件——壬寅宫变。

刺杀皇帝？哪有那么容易？皇宫大内戒备森严，谁知道皇上住哪里啊？

但再严密的防卫都会有漏洞，比如对于皇帝的贴身侍从来说，这些防护形同虚设。他们整天与皇帝如影随形，对皇帝的一举一动、作息规律了如指掌，如果他们想要犯上作乱，还真是防不胜防。

当天晚上，朱厚熜在服用了方士敬献的丹药以后，来到翊坤宫端妃这里。

翊坤宫宫女杨金英、与苏川药、杨玉香、邢翠莲、姚淑翠、杨翠英、关梅秀、刘妙莲、陈菊花、王秀兰等十余名女子经常遭受朱厚熜的摧残，于是在一起合议说："杀死他吧，否则早晚会被他折磨死！"正巧，朱厚熜这天来了翊坤宫。

当晚，趁着朱厚熜睡着，杨金英把绳子递给苏川药，苏川药又递给杨金英，一起下手，把朱厚熜死死按住。

朱厚熜猛然惊醒，正要喊人救驾，一团破布就被塞进了嘴里。大家一起动手，把朱厚熜脖子套住，然后用力拉扯，掐脖子的掐脖子，按胸的按胸，拽手脚的拽手脚。

朱厚熜拼命挣扎，宫女们便又打了一个结。但就是这个结打坏了，两个死结套在一起，越拉越紧，却勒不死皇帝。见状，宫女们急了，她们拔下自己的金钗、银簪，朝着朱厚熜身上便是一顿乱刺，扎得朱厚熜跟血葫芦似的。

在这一过程中，立场不坚定的宫女张金莲叛变了。她见朱厚熜总是杀不死，觉得皇帝不是人，是“真龙”，是“天子”，这种迷信的想法使她害怕了，于是趁众人集中精力杀皇上的空档，悄悄溜了出去，跑到坤宁宫去向皇后自首。

皇后听说皇帝被一群宫女谋杀，当场就吓坏了，于是带人匆匆赶去救驾。

翊坤宫这边，朱厚熜虽然被勒得奄奄一息，身上千疮百孔，但还是没死。宫女们正琢磨着怎么给他致命一击，突然闻听人声躁动，心知是有人前来救驾，直接就四散而逃了。

随即，太医赶来抢救，一阵猛药下去，朱厚熜总算被救活了。宫女们的下场，依照朱厚熜的性格，可想而知吧。

朱厚熜在生死边缘走了一遭，他不但没有看破生死，反而更加迷恋长生。他觉得自己之所以能够大难不死，定是与自己潜心修道、受神灵庇护有关，为了更加虔诚地问道，他对国家政治做了新一轮的布局。

首先，他认为皇宫是个不吉之地，宫变给朱厚熜的心头留下了挥之不去的阴影，只要待在宫中，他就觉得总有宫女想害他，于是在“大师”的建议下，搬到永寿宫居住。永寿宫前身是朱棣的燕王府，朱棣就是在此“靖难”成功，所以朱厚熜也认为此地必受先祖和百神庇护，在这里他住得很安心，从此再也没有回过皇宫大内。

在这里，朱厚熜开始了专心致志的修仙问道，基本就不上班了，从此时到死时，只勉为其难地上过三次朝，后期大臣们想见他，就两个字——极难！

由此，朱厚熜开创了明朝皇帝倦政怠政的新纪录，并成功地将此基因遗传给了后代。

朱厚熜不想上班，但朝中总得有人主持日常事务吧，朱厚熜虚着眼睛看了看群臣——严嵩这人不错！

你想出名吗？那就骂皇上啊

嘉靖四十五年（公元1566年），明王朝又发生了一件惊天动地的大事儿！

究竟是什么事情如此具有爆炸性，导致朝野震惊呢？——皇上让人给骂了！！！

那么又是什么人，吃了熊心豹子胆，敢在朗朗乾坤之下公然辱骂皇上？

正是大眼睛中透露着正直的海瑞。

嘉靖四十五年（公元1566年），海瑞给朱厚熜写了一份奏疏，对着皇帝就是一顿怒喷。

海瑞在奏疏中写道：

皇上，你刚登基时还干点正事。但现在你看看你自己：

你不理朝政，整天追求长生不老，可陪你修仙的道士怎么都死了呢？他们都死了，你觉得你能长生吗？

你不是一直说自己看人很准吗？那当初宠信严嵩是怎么回事？

还有两句更难听的话：

第一句：嘉靖者，言家家皆净而无财用也。

所谓嘉靖，家家干净——在你的英明领导下，老百姓的兜比脸还干净！

第二句：天下人不直陛下久矣——天下人早就看你不顺眼了！

此二句，猛戳痛点，针针见血。整篇奏疏，将朱厚熜从人品到能力，贬得一塌糊涂。

其实朱厚熜也并不是一无是处，在他执政的前20年，国家还算井井有条。然而后20年，他就像秦始皇一样，完全沉迷于方术，炼制长生不老药，此后再也没有正经上过朝。

不过，朱厚熜不上朝，并不代表他什么都不知道。这人白天修道炼药，晚上审阅奏章，将臣子们玩弄于股掌之间。

大奸臣严嵩够厉害吧，朱厚熜想让他当背锅侠的时候，就对他百般放纵，想动他的时候，雷厉风行，弹指间让他家破人亡，就是这么霸道狠绝。

书接前情，却说朱厚熜读过奏疏，非常配合地龙颜暴怒，当即宣布：给朕除掉他！

同事们都知道海瑞是个刚正不阿的好官，也都佩服他的人品，于是旁敲侧击地为他求情：海瑞知道自己这样做的后果，听说他把棺材都买好了，就等着您收拾他呢！皇上您一声令下，我们这就去让他脑袋搬家。

朱厚熜听出了大家的话中之意。

然后，海瑞就这么被放过了吗？不可能的。

皇帝被骂得那么难听，如果不给出点强烈回应，怎么维持皇帝的威严？

如果海瑞安然无恙，那以后是不是谁都可以想骂皇上就骂皇上？皇上岂不成了大众的出气筒？这绝对不行！于是朱厚熜当即决定——“先把这人关起来，然后再给他裁定罪名！”

那么问题来了，海瑞的行为该当何罪？

按当时的律法，海瑞属于“断罪无正条”，也就是，明朝的法律没有明确规定臣子骂皇帝该怎么处理。

于是刑部尚书上奏：“皇上，按照大明律法，海瑞……无罪……”

朱厚熜闻言更是怒不可遏——朕堂堂一国之君，被人骂了，还没办法处罚骂人的人了？！于是下令：我不管你们用什么办法，必须给朕讨个说法！

现在的状况是，朱厚熜铁了心要整海瑞，可是，怎么整？

首辅徐阶微微一笑，计上心头。

徐阶暗示刑部尚书黄光升，律法没有规定，你可以参考圣贤书啊，比如《春秋》第 × × 页有一条……

《春秋》有云：父有争子，以子原有谏亲之义也。意思是说，当父亲做错事时，儿子有谏诤的责任，否则就是不孝！

将君臣比父子，这样一来，海瑞的案件就有法可依了。于是，海瑞的罪名被定性为——“皇上，根据《春秋》所言，海瑞……还是无罪……”

如此一来二去地推诿，最后，海瑞的案子被搁置下来，没有严厉处罚，也没有把自由还给他。

两个多月后，海瑞被放了出来，原因是——朱厚熜死了。

新皇朱载垕登基，史称明穆宗。

仿佛跟那个不待见自己的爹较劲似的，朱载垕一个月之内将海瑞连升四级，从七品芝麻官升到了南京通政司右通政。海瑞步入高级官员行列。

朱载垕执政的第三年，海瑞的人生来到了巅峰，他的新官名有点复杂——都察院右佥都御史，总理粮储、提督军务，兼巡抚应天等处。

从这么长的官名就能看出，海瑞的新职务非同小可，权力非常大，同事们都很羡慕他。

至此，明朝官场形成一条“潜规则”——想出名，骂皇上，那些自诩清流名士的人以此为荣。

朱载垕也是个苦命的娃，他爹一点也不待见他，要不是年龄相仿的兄弟都没了，皇位很可能轮不到他。

所以，朱载垕一登基，立即推翻他爸爸的弊政。

首先，他将之前以言获罪的诸臣全部召用，已死之臣抚恤并录用后人；

接着，将方士全部交付有司论罪，以前的道教仪式全部停止；

最不给面子的是，他停止了朱厚熜为博孝名强行施行的明睿宗（即朱厚熜亲爹兴献王）明堂配享之礼。

这些事，于国于民，都是好事，但对于朱厚熜来说，真是被儿子打脸啊！

除此之外，朱载垕重用徐阶、李春芳、高拱等内阁辅臣，致力于解决困扰朝局多年的“南倭北虏”问题，采纳内阁大学士高拱、张居正等人的建议，与蒙古俺答汗议和，是为“隆庆和议”。

他还宣布废除海禁，允许民间私人去东西二洋经商，挣外国人的钱，富强自己的国家，史称“隆庆开关”。

隆庆新政为明朝带来了短暂的天下承平。朱载垕力行节俭，信用内阁辅臣，并不加以掣肘，给了下属极大的工作自由，但是，也放纵了内阁辅臣之间的倾轧。

与此同时，朱载垕放纵的还有自己的本能欲望。

执政仅仅六年，朱载垕就彻底不行了，临终之际，他拉着高拱的手说：“你帮我看好孩子！”随即又对太子朱翊钧说：“爹的天下以后就是你的了，这些人虽然是你的下属，但也是你的长辈，要听他们的话，和他们一起，将祖宗的基业发扬光大，千万不要贪恋女色！”

这番话让在场的人全都泪如雨下。

第二天，宫中就传出消息，穆宗皇帝驾崩，太子朱翊钧正式继位，史称“万历皇帝”。大明朝历史上在位时间最长，同时也最具有传奇色彩的一位皇帝，终于现身了。

张老师，没想到你竟是这样的人

万历皇帝朱翊钧 10 岁即位，这时的他只能说是大明的名誉主席，国家大权主要掌握在张居正手里。

张居正，晚明著名权臣，是非太多，人物属性难以定论。

据说张居正出生时，其曾祖父做了一个奇怪的梦，梦中的月亮落在水缸里，照得四周一片光明，然后一只白龟从水中慢悠悠地浮起来。曾祖父认定白龟就是这小曾孙，于是信口给他取了个乳名“白圭”，希望他来日能够光宗耀祖。

白圭的确聪颖过人，很小就成了荆州府远近闻名的神童，他 5 岁入学，7 岁能通六经大义，12 岁考中了秀才，荆州知府李士翱很是赏识他。

13 岁时，张居正参加乡试，写了一篇非常漂亮的文章，颇受乡试主考官湖广巡抚顾璘赏识，二人成了忘年交，顾璘称其为“小友”，常对别人说“此子将相才也”，并解下犀带赠予张居正说：“希望你树立远大的抱负，做伊尹，做颜渊，不要只做一个少年成名的举人。”不过，顾璘怕他过于顺利、得意忘形而终无为，有意磨砺他，强制其落榜，张居正此次并未中举。16 岁时，张居正中举人，23 岁中二甲进士，授庶吉士。

嘉靖朝后期，张居正升任右中允，与时任国子监祭酒的高拱关系良好。而张居正亦是当时少数能与两大重臣严嵩与徐阶都保持良好关系的官员之一。这对他后来的仕途与施政都有着很大的影响，但也埋下“祸发身后”的悲剧。

穆宗隆庆元年（公元 1567 年），张居正任吏部左侍郎兼东阁大学士。上《陈六事疏》，声明自己关于改革时政的意见。经历了激烈的内阁斗争后，最终与高拱并为宰辅，任吏部尚书、建极殿大学士。

朱翊钧继位初，张居正与太监冯保合谋挤掉高拱，自己取而代之，成为首辅。因为和朱翊钧的妈妈李太后关系非常好，张居正一手掌握了军政大权，前后当国 10 年，实行了一系列政治经济改革措施，收到一定成效。

他清查地主隐瞒的田地，推行“一条鞭法”，改变赋税制度，使明朝政府的财政状况有所改善；用名将戚继光、李成梁等练兵，加强北部边防，整饬边镇防务；用凌云翼、殷正茂等平定南方少数民族叛乱；严厉整肃朝廷上下。

接着，张居正将矛头对准了曾给他带来巨大利益的阶层——文官集团。张居正大力推行考成法，其具体实施方法类似于今天的考核制度：比如一位知府（五品），年初时就要写好一份计划，内容不能太少，写好后自己留一份，给张居正一份。如内容过少，就要退回重写。

计划通过后，以后的一年里这位知府就要为完成计划而努力。

如果到了年末，核对后发现这位知府没有完成全部计划，那知府就会被贬职降为知县。如果到了县里还是如此，那就一直降职，直到知府被削去官职，回家当老百姓为止。

同时，张居正还要求封建社会的最高统治者皇帝勒紧裤带，和大家一道过紧日子，在皇室的奢侈性花费上，他锱铢必较，寸步不让。

万历七年（公元 1579 年），朱翊钧向户部索求 10 万两银子，理由是为了改善自己的伙食，张居正据理力争，把朱翊钧一顿批评，结果，不仅免除了这 10 万两银子的开支，连宫中的上元节灯火、花灯费也被废止。朱翊钧很郁闷，但对张居正也无可奈何。

同年，朱翊钧因为和宦官、宫女们行为不检点，遭到他妈李太后训斥，张居正为皇帝写了罪己诏，由此埋下日后的祸根。

张居正到了晚年，权力太大，就有些飘了，根本不把朱翊钧放在眼里。

张父去世，他不守孝，以丧服办公。这在当时，可以说是不大敬的事情。但是，张居正不以为然，居然还廷杖、贬斥甚至流放反对其遵旨“夺情”之人。可是，一年之后，张居正又请假回原籍安葬父亲，一走就是三个月。

张居正带随从和护卫还乡，地方大员郊迎郊送，赠送赙仪和奠金。江陵城更是倾城出动，葬礼空前盛大。其回京之时，皇帝和两宫太后居然都要派员郊迎，其礼数已不是所谓的恩宠了。

这一切，朱翊钧嘴上不说，心里则是非常不悦。当然，朱翊钧最受不了的就是张居正晚年的干部任用，其升贬官员，多凭个人好恶，不例循旧制，甚至根本不征求自己的意见。

比如，通州县知县张伦拍足张老太太马屁，老太太对儿子说："一路烦热，到了通州一憩，才犹如游清凉国。"张居正提拔张伦为户部员外郎。

万历十年（公元 1582 年），张居正病卒，朱翊钧曾为之"辍朝"，赠上柱国，谥文忠，在过世前 10 天，朱翊钧还加封他为"太师"，这是明朝唯一一个在生前受封此职的人。

没过几天，御史雷士帧等七名言官联名弹劾潘晟。潘晟是张居正生前一手提拔上来的。由此，清算张居正的活动正式开始了。

正所谓"墙倒众人推"，大家纷纷开始落井下石：

有人呈进了前任首辅高拱的一份《病榻遗言》，为他申冤，历数了张居正的错误；

辽王妃王氏上奏疏，说张居正诬陷辽王，霸占王府；

司礼太监张诚等人也纷纷出动，说张居正随意出入后宫。

最后，朱翊钧拍板给张居正定罪：诬蔑亲藩、钳制言官、蔽塞朕聪、专权乱政、罔上负恩、谋国不忠！

随即下诏，抄张居正的家，削去他一切官衔、赏赐，还差点开棺戮尸，其子其弟等等，全部发配烟瘴之地。

张居正家远在江陵。四月诏到，当地政府，即荆州府、江陵县的大员亲自到张宅封门。张家子女全部被赶到一个没有食物，甚至连一口水也没有的空屋里，不得出门。直到五月初五，邱橓等钦差大臣才姗姗来迟，打开宅门之时，已饿死十余口人。然后，又是搜检、又是拷问。

但是，邱橓等人还不满意，重刑拷打，张居正长子张敬修不堪拷问，自缢而死，死前留下血书一封，直呼邱橓是“活阎王”。

张居正共有六子一女。其长子张敬修自缢之后，其妻高氏捶胸顿足大哭，几次上吊自杀未成。最后竟然取茶匕，刺伤自己眼睛。

张嗣修、张懋修等亦被发配到人烟稀少、瘴气充溢之地而死。还有一个儿子张允修，亲见家破人亡、长兄死去，一家人受尽凌辱，几次寻死未成，几近疯狂。他曾经脱掉衣服，打着赤脚，在太阳底下抱着父亲的遗稿以及父亲给孩子们的尺牍信札号啕大哭。不过，仅有此人后来活到了 80 岁。直到张献忠攻下荆州城，张允修才绝食而死。也有一说，此人为张懋修。

万历的堕落，有太多的因果

朱翊钧十岁丧父，张居正在他的成长过程中可以说起到了亦师亦父的作用。

当年，张居正给朱翊钧制定了一份堪称史上最牛的课程表：

每天上午，先读《大学》十遍，再读《尚书》，然后助教们挨个讲课。听完课还要批阅奏折，并发表自己的意见。

喘一口气后，朱翊钧还要上历史课，了解历代王朝的兴衰典故，并发表自己的见解。对于这种填鸭式教育，朱翊钧表示没问题，每次都能获得张老师七八分的满意。

朱翊钧与张老师也曾有过一段师徒情深的甜蜜时期。

那时候，张老师帮他改革朝政，促成了万历中兴。张老师在朱翊钧的心中，简直就是不可逾越的珠穆朗玛峰。

不得不说，张老师的教育有过成功，朱翊钧在执政初期，一直朝着明君的方向茁壮成长，恐怕张老师到死也没想到，他的学生后来竟如此“昏庸”。

张老师不知道的是，随着年龄的一点点增大，朱同学心里早就对他有意见了。只不过受到道德的制约，朱翊钧不敢反抗张老师罢了。

等到成年以后，这种不舒服的感觉日益增长——明明我是皇上，为什么处处让你管着？！

万历十年（公元 1582 年），张居正死了，朱翊钧内心十分欢畅。

张居正死后，被他压制过的官员们开始反攻倒算，朱翊钧貌似也有那么一点推波助澜，结果挖出了一个惊人的真相！——张居正虽然治国很有手段，但也不是一个清官，个人生活还挺糜烂，曾经那个巍峨如山的形象瞬间崩塌。

这个时候，随之崩塌的，还有朱翊钧的人生观。

所以张老师教给朱翊钧的圣贤之道，他还会遵守么？

从此以后，朱翊钧就像变了一个人，昔日少年天子的气派与风采渐渐不复存在，取而代之的是他这个年纪不该有的失望与哀伤……

你们和我对着干，朕就从此不上班

明朝的文官在嘉靖晚期，受到海瑞的启发，有了“骂皇上”奇葩嗜好。到了万历年间，这种形式越演越烈，蔚然成了一股风尚，用朱翊钧自己的话说就是——讪君卖直。

大理寺左评事雒于仁写《酒色财气四箴疏》，强行指责朱翊钧贪婪、残暴、昏庸、无能、懒惰、好色……总之，五毒俱全、一无是处。

这还是进谏？这简直就是人身攻击、诽谤名誉。但朱翊钧给他的处分不过是——解雇。他从心里不愿背上“昏君”“杀谏官”的骂名。

从此以后，官员们胆子更大了，给朱翊钧上书进行无端谩骂的人一波接着一波，对这种群狼式的围攻、网络暴力般的谩骂，朱翊钧毫无办法，只能装聋作哑。

但那些文官并没有打算放过他，他们想方设法吹毛求疵，通过骂皇上为自己赚名声。他们不怕皇上发火，就怕皇上不发火，为使皇上发火，他们绞尽脑汁不遗余力，如果能气得皇上打自己几板子，那就再好不过了。这样自己犯颜进谏的名声就传播出去了……

被骂的次数多了，朱翊钧索性摆出一副死猪不怕开水烫的样子，静静地坐在那里听文官们对自己口诛笔伐。朱翊钧也是没办法，这些人打不能打，骂不能骂，一不小心还会被他们抓住小尾巴。

可是，有些人，你越退让他越嚣张，就好像你完全拿他没办法一样。是的，朱翊钧确实拿他们完全没办法。

终于有一天，朱翊钧被压抑的小火山集中爆发了。

那天上朝，朱翊钧脸可能有点浮肿，文官们又有话说了：皇上你看你，最近又放纵自己了吧，脸都累肿了。

朱翊钧心里那叫一个窝囊，可是又不想和这帮人打嘴仗，于是耐着性子解释说："朕是因为腿脚不便，龙体欠安。"

可是，文官们会听他解释吗？当然不会，这可是个骂皇上的好机会，白的也必须给抹黑。于是又多次上书，弹劾朱翊钧贪恋酒色。

朱翊钧一怒之下：惹不起我还躲不起吗？——从此君王不上朝。

这一躲就是二十八年。

当然，朱翊钧长期翘班，并不仅仅是因为这一点。

除此之外，还有一个很重要的原因——争国本。

当时，朱翊钧一心想立自己最喜欢的郑贵妃的胖儿子福王朱常洵为太子，结果遭到了大臣们的集体反对，于是朱翊钧就和朝臣们对抗上了。

这群官员坚持"立长不立幼"，坚决拥护皇长子朱常洛，一时怼得朱翊钧无话可说。

朱翊钧被逼急了，索性躲到了深宫里——朕不听你们骂了，也不和你们争了，朕罢工了！

可是，大臣们丝毫不给朱翊钧留余地，抗议的奏折如雪花般向深宫飞去，朱翊钧也拿出了前所未有的牛脾气——给朕拉出去打，打死了代表死罪，打不死代表罪不至死！

这场君与臣之间的博弈，在15个春秋里从未停息。大臣们一拨接一拨持之以恒地与朱翊钧互怼，其状之惨烈、参战人数之多、持续时间之长，在历史上大约也是绝无仅有的。

最后，朱翊钧以逼退内阁首辅4人，高级官员10余人，杖责、罢官、解职、发配充军上百人的辉煌战绩，一败涂地。

朱翊钧无法破解这种局面，只能用仅剩的人身自主权报复百官——你们不让朕称心如意，朕就不做你们施展抱负的工具和沽名钓誉的阶梯！

于是，朱翊钧不朝不庙不见不郊不批不上班。

朱翊钧这一宅，使明朝从他开始，出现了不可遏制地衰败。所以有人说，明实亡于万历，也不是没有道理。

就在朱翊钧宅在深宫，万事不理，导致从内廷到外廷闹得不可开交之际，辽东后金迅速崛起，不断出兵南犯，向明军发动进攻，辽东战争爆发。

万历四十四年（公元 1616 年）正月初一，后金政权正式建立，自此明朝辽东的形势每况愈下。

万历四十七年（公元 1619 年），萨尔浒之战，明四路大军，三路全军覆没，丧师九万，败局遂成。

不过，这个宅男也没有大家想象得那么不堪。他在位期间，打服了倭寇和朝鲜，让倭寇 300 年不敢踏入中国内陆圈，国内也出现了资本主义萌芽，商品经济空前繁华。

而且，朱翊钧虽说不上班吧，可明朝也没大乱，他还在位四十八年。要是没有一点手腕，恐怕早就被群起而轰之——从皇位上被拉下来了！

万历四十八年（公元 1620 年），朱翊钧因长期酒色无节，加上辽东惨败，国事困扰，终于病重不起，终年 58 岁。遗诏命皇太子朱常洛嗣位。

光天化日之下，是谁敢叫人打太子

朱常洛，史称“泰昌帝”，但“泰昌”这两个字跟他基本没有什么关系，他的人生甚至可以说很悲惨。

朱常洛的生母王氏原本是一名普通宫女，在慈宁宫侍奉慈圣太后。

按照宫中规矩，皇帝临幸宫女，应该赐一个物件给对方，作为临幸的凭证。但朱翊钧认为。王姑娘是母亲宫中的宫女，私下临幸是一件不光彩的事情，传出去有失帝王颜面，所以没有给王姑娘任何信物。

谁知道这片刻风流过后，王姑娘竟然怀上了龙种。慈圣太后本人也是宫女出身，知道此事后非但没有为难王姑娘，还十分高兴地叫来朱翊钧询问究竟。没想到朱翊钧觉得没有凭证，就死不承认。但是“内起居注”中记得清清楚楚。

实在无可抵赖了，朱翊钧才不情愿地默认了。

十月怀胎后，王氏生下了明神宗的第一个儿子——朱常洛。王宫人虽然被册封为恭妃，但皇长子朱常洛一直没有被立为太子。

万历十四年（公元1586年）正月，宠冠后宫的郑妃生下一子，取名朱常洵。郑妃聪明机灵，朱翊钧与她情深意笃。由于皇帝对郑妃言听计从，在很长的一段时间内，她一直是一个朝野注目的人物，并招致了几乎所有人的唾骂。

因为郑妃是朱翊钧的心尖，生了儿子后，朱翊钧立即晋封她为贵妃。

大学士申时行等人认为，皇长子朱常洛年已5岁了，生母恭妃一直未闻加封，但郑妃甫生皇子，即晋封册，显见得是郑妃专宠。大学士们担心将来发生废长立幼的事情，于是上疏请册立东宫。

但朱翊钧和郑贵妃显然不愿意的，他们总想找机会立朱常洵为太子，于是就想出了种种办法拖延，但遭到大臣们的极力反对。当时太子又叫国本，因此，皇帝与大臣间的这次斗争又称为“国本之争”。

大臣力争，要立朱常洛为太子，朱翊钧一拖再拖，大臣再争，争了15年，使得宫廷斗争变得错综复杂。直到1601年，朱常洛才被封为太子，而朱常洵被封为福王。但是福王迟迟不离京就任藩王。

万历四十三年（公元1615年），发生了一件怪事。

一个中年疯癫大叔手持一根木棍，跌跌撞撞打入太子朱常洛的慈庆宫，门卫也没拦住。

大叔见人就打，一直往里闯，眼看就要打进太子房间，幸亏门卫报警及时，大批卫士将这个大叔捆绑起来，押在牢里。

光天化日、朗朗乾坤之下，手持凶器，冲击太子东宫，这还了得？朱翊钧也重视起来，立刻命令刑部官员严刑拷问，定要问个水落石出。

一开始大叔只承认自己叫张差，别的什么也不说，审案官员急了，大刑伺候，大叔坚持不住只得如实招供。

据大叔讲，他本名叫张五儿，父亲已经去世，比较近的亲戚有马三舅、李外父等人。他们让他跟着一个不知道姓名的老公公，只要按老公公的要求去做，完事后就能给他30亩土地。于是他就跟老公公到了京城，来到一个大宅子里。这时又来了一个老公公，请他吃饭，并嘱咐他说：“你先冲进去，撞着一个，打杀一个，杀人也无妨，我们自会救你。”吃完饭，领着他经过厚载门，进了慈庆宫，看门的不让进，就把看门人打伤了。

后来他就被逮住了，再问老公公是谁，张差就不说话了。

朱翊钧听着似乎还有隐情，命令员外郎陆梦龙再次提审张差，并引诱他："如画出入宫的路径，说出所遇到人的名字，不仅可以免除他的罪过，而且可以偿还他被烧掉的柴草。"

张大叔信以为真，于是说："马三舅名三道，李外父名叫守才，都住在蓟州井儿峪。不知道姓名的老公公，实际上是修铁瓦殿的庞保。三舅和外父常到庞保住的地方送灰，庞保、刘成两个人在玉皇殿前商量，还有我三舅、外父，他们逼我拿着棍子打进宫中。如果能打到太子，吃也有了，穿也有了，一同密谋的还有姐夫孔道。"随后又画出入宫路径。

陆梦龙马上派人调查取证，逮捕了马三道等人，经核实，张差说的基本无误。但是庞保、刘成二人仅是两名太监，地位低下，单凭他们不可能有如此胆量。可他们均是郑贵妃的内侍，莫非此事是郑贵妃背后指使？一时间朝野哗然，纷纷猜测，都怀疑郑贵妃想要谋杀太子，以便扶立福王。消息传开后，太子和郑贵妃先后赶来见朱翊钧。

事到如今，朱翊钧也不好再公开包庇，只好指着郑贵妃说："群情激怒，朕也不便介入，你自去求太子吧！"

朱常洛看到父亲生气，又听出话中有话，只好就坡下驴："这件事只要张差一人承担便可结案。请速令刑部办理，不能再株连其他人。"

朱翊钧见儿子这么给面子，顿时眉开眼笑，频频点头："你们看太子多仁义，还不照办！"最后，张差被处死，马三道等人被发配边疆，庞保、刘成两人暂时没有追究。一桩梃击案最后就这样不了了之。

张差梃击案背后主使真的是郑贵妃吗？不知道。也有人怀疑是太子自演自导的一出"苦肉计"，目的是借此陷害郑贵妃。不管怎样，梃击案真相究竟如何，恐怕无人知晓了。“梃击案”遂成为明朝三大谜案之一。

不过，能够知道的是，朱常洛的太子之位自此是稳固了，并在他爹去世以后顺利登基。

篇八

爱卿对不起，朕的真爱是木匠工艺

当时，有本书在穷人圈里非常受欢迎，叫《论一个公公的自我修养》，这本书的扉页触目惊心地写着八个大字——欲入皇宫，先要自宫！

魏忠贤看到这里，二话不说，手起刀落，相当狠绝……

只是魏忠贤没有看到，这本书的尾页上还写着八个大字——就算自宫，未必成功！

……

……

只要我还没断气，我就绝不搬出去

万历四十八年（公元 1620 年），明王朝又发生了一件惊天动地的大事！

朱常洛这个遭爹嫌的悲哀太子仅仅当了一个月皇帝，就悲哀地死了，成为明朝在位时间最短的皇帝。死因据说是嗑了一颗红丸。

原来，郑贵妃眼见朱常洛坐稳了太子位，为了和朱常洛化干戈为玉帛，便投其所好，送了 8 位美女给朱常洛。希望有朝一日这些美女能够获得新皇的宠爱，自己也能利用这些女人从中牟利。朱常洛果然非常喜欢。

朱常洛本来身体就虚，又与这些女人整日寻欢作乐，没多久就不行了。

可是他并不节制自己，反而变本加厉。一天夜里，朱常洛服了一粒“红丸”，结果，疯了——狂躁不已，狂笑不止，精神极度亢奋。

御医崔文升不知道皇帝是阴虚肾竭，还以为是热病，下了一剂泻火通便的猛药。结果，朱常洛一夜腹泻 30 多次，直接把自己给泻死了。

一时间，朝野上下众说纷纭，皇上究竟是病杀还是他杀，是暗杀还是明杀，是谋杀还是误杀？

满朝文武动作起来，上书，追问，调查，推理，论证，最后决定——不查了！

此事遂成为千古谜团，史称“红丸案”。

谁知，这边谜案还未平息，那边宫中又出闹剧。红丸案还没结案呢，宫中接着又发生了另一桩离奇的大案——移宫案。

要弄明白移宫案的前前后后，还要从朱常洛的宠妃李选侍说起。李选侍本来是郑贵妃宫里的一名侍女，后来在郑贵妃的训练之下，成为一名出色的“女特工”，就是那 8 名美女之一。

李选侍入宫之后，因为其出色的专业素养，很快讨得了朱常洛的欢心，坐火箭一般高速升职，很快就爬到了仅次于皇后的位子，并且还替朱常洛抚养太子朱由校，地位更加特殊，几乎掌握了后宫的实权。

另一方面，她还同郑贵妃保持着密切的联系，李选侍极力想通过郑贵妃的力量将自己扶上皇后宝座，郑贵妃则想利用李选侍在皇帝面前说话方便的机会，帮她实现做皇太后的梦想。只是她们谁也没有想到，朱常洛的身体竟然这么差。

朱常洛临危之际，打算封李选侍为皇贵妃，并当着大臣的面嘱咐朱由校，要他视李选侍如亲生母亲。可是，话还没说完，李选侍便掀开帷幄叫朱由校进去。朱由校出来后，对他爹说了一句：“要封皇后！”众大臣听后全都瞠目结舌。朱常洛也面色一变，一言不发。

朱由校因为爸爸不受爷爷待见，从小也跟着备受冷落，直到朱翊钧临死前才留下遗嘱，册立其为皇太孙。朱由校的母亲王才人虽当初地位在李选侍之上，但因为李选侍受宠，她备受李选侍凌辱而死，临终前遗言：“我与西李有仇，负恨难伸。”而朱由校从小就受李选侍的“侮慢凌虐”，终日以泪洗面，形成了惧怕李选侍的软弱性格。

明光宗驾崩以后，李选侍控制了乾清宫，与太监李进忠（魏忠贤）密谋挟持朱由校，欲争当皇太后以把持朝政，此举引起朝臣的极力反对。

朱常洛驾崩当日，杨涟、刘一燝等朝臣即直奔乾清宫，要求哭临明光宗，请见皇长子朱由校，商谈即位之事，但受到李选侍的阻拦。在大臣们的力争下，李选侍方准朱由校与大臣们见面。

杨涟、刘一燝等见到朱由校即叩首山呼万岁，并保护朱由校离开乾清宫，到文华殿接受群臣的礼拜，并决定于1620年九月初六举行登基大典。为了朱由校的安全，诸大臣暂将他安排在太子宫居住，由太监王安负责保护。

李选侍挟持朱由校的目的落空，又提出凡大臣章奏，先交由她过目，然后再交朱由校，朝臣们强烈反对。朝臣们要求李选侍移出乾清宫，迁居哕鸾宫，遭到李选侍拒绝。李选侍又要求先封自己为皇太后，然后令朱由校即位，亦遭大臣们的拒绝，矛盾日渐激化。

朱由校御乾清宫登基大典日期迫近。至初五日，李选侍尚未有移宫之意，传闻还要继续延期移出乾清宫。内阁诸大臣站在乾清宫门外，迫使李选侍移出。朱由校的东宫伴读太监王安在乾清宫内驱赶，李选侍万般无奈，怀抱所生八公主仓促离开乾清宫，移居仁寿宫内的哕鸾宫。

至此，大字不识几个的朱由校终于在东林党人的帮助下当上了新一代的皇帝，国号天启。

李选侍虽已"移宫"，但斗争并未结束。数日后，哕鸾宫失火，经奋力抢救，才将李选侍母女救出。反对移宫的官员于是散布谣言："选侍投缳，其女投井"，并说"八妹入井谁怜，未亡人雉经莫诉"，指责朱由校违背孝悌之道。朱由校在杨涟等人的支持下批驳了这些谣传，指出"朕令停选侍封号，以慰圣母在天之灵。厚养选侍及皇八妹，以遵皇考之意。尔诸臣可以仰体朕心矣"。至此，"移宫"风波才算暂告结束。

李选侍封后的要求没有实现，做皇太后控制朝政的愿望也落空了。她是不是无辜，恐怕只有当事人知道，她赖在乾清宫不走是否受到了郑贵妃的幕后主使，这个后人亦无从得知。但是其意图很明显，就是要通过控制皇太子朱由校来操控整个朝政。

不夸张地讲，朕就是为艺术而生的

朱常洛在东宫时，不像别人家太子那么有实力，他比较弱，在险恶的宫斗中几不自保，于是常寄情酒色以避世，根本无暇顾及朱由校的教育，以致朱由校九岁“尚未出就外传”，也就是说，朱由校九岁了还没有进“幼儿园”，大概除了“一二三”外，“人口土”只怕也认不全。

无拘无束的朱由校整天除了与小太监小宫女厮混外，就是在宫中东游西荡。当时，宫中的三大殿以及乾清宫、坤宁宫、慈宁宫三宫都曾遭受火灾，正进行重修，此外，朝廷因常年进行宫殿修缮，一些宫殿就成为木匠作坊。四处游荡的朱由校耳濡目染对木匠活产生了强烈兴趣，竟然无师自通学得了一手木匠的好手艺。

朱由校有许多发明创造，颇符合今日科技创新的要求。当时，匠人制作的床具极其笨重，需要十几人才能搬动，用料费，样式也极其普通。朱由校便自己琢磨，设计图样，亲自锯木钉板，用一年多时间打造出一张床，床板可以折叠，携带移动都很方便，床架上还雕镂着各种花纹，美观大方。当时的工匠看到以后都惊呆了，都认为这人天生就是一个好木匠。

朱由校善用木料做小玩具，漆工活也很在行。他做的小木人，男女老少，神态各异，五官四肢无不具备，动作惟妙惟肖。朱由校派内监拿到市面上去出售，老百姓都愿意以重金购买，可见其精致灵动。

朱由校还自己做水傀儡的木人与戏台。他做的木人约高二尺，有双臂但无腿足，均涂上五色油漆，彩画如生，每个小木人下面的平底处安一个拘卯，用长三尺多的竹板支撑着。另外，有一个用大木头凿钉成的长宽各一丈的方木池，上面注水七分满，水内放有活鱼、蟹虾、萍藻之类的海货，使之浮于水面。再用凳子支起小方木池，周围用纱围成屏幕，竹板在围屏下游移拽动，这样就形成了水傀儡的戏台。在屏幕的后面，有一个艺人随剧情将小木人用竹片托浮水上，游斗玩耍，鼓声喧哗。当时宫中常演的剧目有《东方朔偷桃》《三保太监下西洋》《八仙过海》《孙行者大闹龙宫》等，装束新奇，扮演巧妙，活灵活现。朱由校做得是如醉如痴，看得也是如醉如痴。

朱由校发明了中国最早的喷泉。宫中的人都称这种喷泉为铜缸水戏，这在当时可是天下一绝。那时宫中都用铜缸或木桶盛水饮用，他就在这些盛水的容器下方凿一个孔，在里面设置机关，用机关操作，缸中的水就飞散出来，有时泻如瀑布，有时又散若飞雪，最后变成一根玉柱，打击放在缸外面的许多小木球，木球就浮在水尖上，随着水的喷吐而跳跃不已，久久不息。每回玩这个游戏时，朱由校都和他的嫔妃们一起在旁边观赏，随侍的妃子和宫女都拍手赞叹，对皇帝钦佩不已。

朱由校还想做一个出色的建筑师。做皇长孙的时候，因为西李得宠，他是个“小可怜”，自然不可能给他一座不相干的宫殿拆了重造。一登九五，富有四海，始得大显身手。天启五六年间，朝廷对紫禁城的三座主殿太和殿、中和殿、保和殿进行了大规模的重建工程。朱由校在工程中大显身手，从起柱到上梁，再到外部装饰，他都亲临现场，仔细指导，高兴了还会当场脱掉外衣，卷起袖子，和工匠们一起大干一场。有时他心血来潮，在宫中兴建一些小巧别致的房屋，内设精密的机关。建成后他总是高兴得手舞足蹈，对自己的作品很是得意，找来身边所有的人一起欣赏。时间久了，他的兴趣过去了，就派人立刻毁掉，再重新设计其他的花样，总是在建了拆、拆了建中玩得乐此不疲。

朱由校还喜欢雕刻。他擅长雕琢玉石，成品颇为精巧。他曾经赐给客、魏二人金印，各重三百两。魏忠贤的印中，刻有“钦赐顾命元臣”数字；客氏的印中，刻有“钦赐奉圣夫人”数字，都是他自己刻的。他经常刻制玉石，随刻随赐给身边的宫女太监，不计其数。

事实上，朱由校登基初期还有一点政绩。他迅速提拔袁崇焕，下诏为张居正平反，录用方孝孺遗嗣，优恤元勋，给予祭葬及谥号。在澳门问题上态度强硬，还与荷兰殖民者两次在澎湖交战，并且获胜。且有罢矿监、安抚辽东之举。

然而，随着党争的激化，大清的崛起，剧情就一点点改变了。

谢天谢地，努尔哈赤先走了一步

公元 1621 年，大明天启元年，后金努尔哈赤趁明朝皇位更替、忙着搞仪式的空隙，席卷辽东大地，朱由校慌极，有人建议，召兵部侍郎熊廷弼出关救急。

结果，大明内部又出问题，熊廷弼含冤受屈，人头落地，大明自毁长堤。

努尔哈赤趁机再次发力，明辽东部分守将暗中通敌，大明在东北的势力被逼退到山海关地区。

公元 1625 年，大明天启五年，朱由校认怂，决定从山海关退兵，却有一人抗旨不从——吾宁为玉碎，也不撤退！

这个人就是袁崇焕！

他说："兵法讲，有进无退，锦州等三城现在形势一片大好，怎么能说不要就不要了呢？锦州、右屯一旦出现问题，宁远、前屯就很危险，山海关的门户也会失去屏障。现在我们只要派良将把守要地，就不会有什么问题。"

主管辽东军事的兵部尚书高第说不可以，并且又决定将宁远和前屯的兵力一起撤离。

袁崇焕表示："我是宁远的军事长官，誓与宁远共存亡！要走你们走吧，我死也不撤退！"

高第说服不了袁崇焕，就将锦州、右屯、大小凌河与松山、杏山、塔山等处守将全部撤走，将军队全部调回关内，丢弃军粮十余万石，沿途死亡者不计其数，哀号千里，哭声震天。

次年，努尔哈赤亲率大军13万，发誓要踏平只有1万守军的孤城宁远。宁远城在风中凌乱，明朝廷在一旁袖手旁观，袁崇焕枕戈待旦……

一路上，努尔哈赤的八旗铁骑所向披靡，锐不可当，连续攻克锦州、凌河、杏山、连山、塔山等地，这更使努尔哈赤雄心膨胀。

努尔哈赤派人给袁崇焕送去招降书，谎称自己有大军20万，表示自己拿下宁远城只是时间问题，希望袁崇焕不要再做无谓的抵抗，如果及早投诚，高官厚禄任他选。

袁崇焕只告诉他："城在人在，城亡人亡！"

袁崇焕的回答让努尔哈赤怒不可遏，发誓一定要把袁崇焕千刀万剐。

努尔哈赤意气风发，在他看来，这场仗简直稳赢了。

然而，他被"黑科技"狠狠地扇了一个大嘴巴！

努尔哈赤来到宁远城下，他亲自指挥大军攻城。随着一声震撼人心的号角响起，八旗兵蜂拥而上。

与此同时，宁远守军震耳欲聋的大炮声也在城上炸响，颗颗炮弹砸向后金大军，不断有人体碎裂，血肉横飞。

激战自清晨持续到深夜，城上城下的士兵都在狂呼中酣战。努尔哈赤自起兵以来，第一次遭遇如此顽强且彪悍的抵抗，暗暗心惊。

第二天、第三天……战势仍然没有任何改变。努尔哈赤不断变换着打法，环城寻找着宁远城的薄弱点，但宁远城仿佛浇筑了铜墙铁壁，不管怎么攻，就是攻不破。

努尔哈赤低估了宁远城红夷大炮的威力，结果使得自己损兵折将，狼狈无比，最终只能含恨撤离。

《清太祖实录》：帝自二十五岁征伐以来，战无不胜，攻无不克，惟宁远一城不下，遂大怀愤恨而回。

宁远之战成了努尔哈赤心中永远的痛。

努尔哈赤自宁远战败回来便陷入不可名状的苦闷之中，他开始变得沉默寡言。

曾几何时，战无不胜是努尔哈赤的金字招牌。现在，这块招牌被袁崇焕给拆了，拆得七零八落，这对于极好面子的努尔哈赤来说，简直太残忍了。

作为一种心理补偿，努尔哈赤觉得必须打一场大胜仗，让人们重新看到自己的威风，似乎只有这样，他才能洗刷宁远惨败带来的耻辱。他把战刀挥向了背叛过自己的内喀尔喀蒙古巴林部。

公元 1625 年，后金天命十一年，大明天启六年，4 月，努尔哈赤以内喀尔喀五部背盟通明为借口，亲自率兵攻打内喀尔喀巴林部，击杀巴林贝勒囊努克，把他的财富一抢而空，把他的部属也一并吞并。

然而，由于远征劳顿，再加上始终解不开宁远兵败的心结，忧郁伤神，努尔哈赤病倒了。

当年 7 月，努尔哈赤前往清河温泉疗养，他让侄儿阿敏宰牛烧纸，祈祷天地神明保佑自己。但是，努尔哈赤的病越来越严重。

努尔哈赤自知将不久于人世，一面命人传大妃阿巴亥前来见面，一面乘船顺太子河而下。随后，努尔哈赤不省人事。

公元 1625 年 8 月 11 日，这支队伍走到距沈阳 40 公里的叆鸡堡，一代雄主努尔哈赤含恨而终，享年 68 岁。

努尔哈赤的死让朱由校深深出了一口长气，他开始审视自己的内部问题。

又是党争吗？魏忠贤，你过来一下

朱由校现在已经把满朝大臣看透了。

这帮人满嘴的国家大义，肚子里全是自私自利。骂起皇上争先恐后，遇到事情甘居人后，玩起党争大显身手，办起事来都留一手，用个正经成语概括就是——光会耍嘴皮子。

那么，党争又是怎么一回事呢？如果用一句话来概括，就是朱翊钧当政时期搞出的政治怪胎。因为明末党争始于“争国本”。

万历后期，在争国本事件中被朱翊钧扫地出门的顾宪成等人，打着讲学的旗号，以无锡东林书院为根据地，组织了一个偶像级政治团体，就是后来的东林党。

东林党最拿手的好戏就是炒作，他们喊出了匡扶天下的嘹亮口号，从一开始就树立了极高的格调，并且不断煽动民间的舆论风潮，瞬间掌握了强大的民间话语权。

东林党人几乎都是王阳明的迷弟，但是却无法像王阳明那样做到知行合一。

他们标榜“经世致用”，结果不堪大用，面对国家的政治危局，几乎没有提出过可行的办法和建议。

但是他们自己没有能力，却又不给别人发挥的余地，他们扯着为国为民的大旗，算计的都是自家的声望和利益，对那些能够为国家做事却可能损害东林利益的人，他们百般排挤。

在他们呼风唤雨的几十年里，他们的主要事务就是——拆台。

从万历末年到天启初期，东林党一直与浙齐楚三党相互博弈。这些党人只顾党派和个人私利，不顾国家危在旦夕，凡是对手的提议，不管有没有道理，都坚决不同意。

万历四十六年（公元 1618 年），努尔哈赤兵犯辽东，杀死辽东总兵，派谁去主持辽东大局成了难题。

当时，每个党派都想派自己人去经营辽东这块土地，结果就是：我的人去不了，其他人也不要想去！事情就僵在了这里。

首辅大臣方从哲灵机一动，慢慢和起了稀泥。

方从哲推荐因为曾在朝鲜战败，被各党派拒之门外的杨镐去经略辽东，结果，萨尔浒大败。

萨尔浒之败使明朝失去了与后金正面叫板的底气。如何收拾辽东残局成为一块烫手山芋。这个时候，有人想起了因为得罪东林党而被炒鱿鱼的熊廷弼。

熊廷弼虽然对党争心存顾虑，但救国心急，带病每日兼驰二百里赶赴辽东地区。他来到辽东大地一看：这是怎样一副残局——士气碎了一地，百姓一心逃离。

熊廷弼一面整顿军纪，一面制定持久的防御大计。经过一年的努力，辽东再次焕发生机。

万历四十八年（公元 1620 年），努尔哈赤又率重兵来袭，表情十分骄傲，态度十分霸道，结果，被打得狼狈奔逃。

辽东有了熊廷弼，谁也不敢小觑！

然而，东林党人经过移宫案的加持，重新登上朝堂霸主的位置。他们眼见辽东局势好转，就想让自己人去坐收渔翁之利。

东林党领袖杨涟率先对熊廷弼发难，说他只防不战，侥幸支撑两年，但无法保障国家之万全。

随之，言官们开始落井下石，将熊廷弼从能力到人品贬得不成样子。

熊廷弼双手一摊，委屈无边："这帮人啊，不懂装懂，纸上谈兵。

但再委屈也没有办法，朝中没有人愿意站出来支持他。

就这样毫不讲理地熊廷弼被一撸到底，走马上任的袁应泰是东林党嫡系。努尔哈赤闻讯，狂喜：正愁拿熊廷弼没有办法，东林党就帮了大忙！

袁应泰以及他背后的东林党们，都是嘴巴上的大神，行动上的矮人，他们不懂军法，只会乱打，结果被努尔哈赤打得一败涂地，后金从此发展壮大。

至于熊廷弼，虽然再次被搬出来救急，但受党争祸及，含冤入狱，死得冤屈！

东林党人不仅对国家军事乱加干预，更是早早将触手伸到了经济领域。

明朝从万历时起，资本主义就已经入局，工商业遍地花开。天启年间，政府通过财政决议，增加工商业税率，有效缓解了国库空虚。

但是，这一举措触动了东林党人的利益，杨涟等人一上台就将税收新政一刀切去。

在资本主义蓬勃发展的那段日子里，大明朝却无法通过税收摆脱财政赤字。这种人类史上少见的咄咄怪事，完全是拜东林党人所赐。

这个时候的朱由校已经感觉到了来自东林党人的危机——面对天灾不断，流民泛滥的时局，他们仍一力维护自己的利益，这绝对是亡国之举！朱由校决定必须予以打击。

不过，这种整人的事情怎么能自己做！那么，怎么办？——魏忠贤，你来一下……

男人想出头，要敢于对自己下狠手

魏忠贤，这个人物来头不小——他本是河北肃宁无钱无权无理想的三无青年！因为好赌，把自己输成了全无青年。

此情此景，他做出了一个非常英明的决定——去宫里混口饭吃！

当时，京城周边的男人实在混不下去了，真正为他着想的朋友就会给他指条明路——入宫去帮皇家料理家务。

当时，有本书在穷人圈里非常受欢迎，叫《论一个公公的自我修养》，这本书的扉页触目惊心地写着八个大字——欲入皇宫，先要自宫！

魏忠贤看到这里，二话不说，手起刀落，相当狠绝……

只是魏忠贤没有看到，这本书的尾页上还写着八个大字——就算自宫，未必成功!

事实上，此举具有极大的风险性，因此不知害了多少性命。

魏忠贤很幸运，他竟然躲过所有风险，进宫了。

魏忠贤进宫以后，痛定思痛，一改往日浪荡懒散的本性，从底层做起，不怕脏、不怕累、不怕领导给黑锅背，就这样艰苦奋斗十几年，终于在宫中获得了一个响亮的称号——“傻子”。

在宫中苦熬三十年，魏忠贤终于拨开云雾见青天，成了东宫才人的伙食管理员，他经常为此沾沾自喜。

看官们可能也是百思不得其解，就这样一个到了五十岁还知足常乐随遇而安的文盲太监，他日后凭什么能够只手遮天呢?

这一切，全都因为一个女人。

在古代，宫女和太监寥落古行宫，空虚寂寞冷，在皇家的默许下，他们会选择顺眼的彼此搭伙过日子，名曰“对食”。

魏忠贤的对食客氏正是朱由校的奶妈。靠上了客氏这棵大树，魏忠贤的前途开始风雨无阻，坐火箭般蹿升为东厂提督。

然后便发生了之前的一幕，为了制衡制霸朝堂的东林党，朱由校一手把魏忠贤推到了舞台中央，浙齐楚三党见风转向，和魏忠贤一起拼命疯狂。

据说，当时魏忠贤手里有一本东林党人花名册，上面写着：及时雨叶向高、浪子钱谦益、鼓上蚤汪文言、大刀杨涟……

魏忠贤的这本花名册就像阎王的生死簿一样，点到谁谁遭殃。仅仅用了两三年，魏公公就把东林党彻底打散了。

这个时候，朝堂上下清一色的姓魏，皇帝以下谁见了他都得跪，百官高呼：九千岁！

到达巅峰的魏忠贤简直就成了全体太监的偶像，他们给魏忠贤兴建祠堂，和他一起残害忠良，中饱私囊。

如果要清算魏忠贤做了多少坏事，那可真的说不清了。

那么，魏忠贤做了这么多坏事，朱由校为什么睁一只眼闭一只眼呢？

不管魏忠贤多么可恨，有一点必须承认，他确实让国库充盈了，至少在魏公公时期，辽东军饷是不缺的。

事实上，朱由校的确是个糊涂皇帝，但并不是傻瓜——解决了魏忠贤，又是东林党掌权，一个听话的坏蛋，一群不听话的伪善，你会怎么选？

朱由校的选择很简单，他需要的就是一条听话的狗，而不是一群嘴能犁地的人。魏忠贤只要你始终站在朕这边，哪怕你为祸人间，朕也保你周全！

太奇葩了！天启皇帝吃错药了！

朱由校把政务统统交给了魏忠贤，自己也有了大把的娱乐时间，他开始追求自己的梦想——做一个技术九级的木匠！

朱由校对木工活的热爱，就像今天你刷社交软件一样，根本就停不下来。

朱由校作为一名执掌天下的皇帝，竟一生沉迷于木艺，一直沉迷到躺进墓地。

但是，他的贡献不容小觑，他以土木工程师的身份，为明朝的艺术文化事业写下了浓重的一笔！

只不过，他生在了错误的时间，坐上了错误的位置，可能他自己也不想，可偏偏人生没有道理可讲。

所以大明到他手里，也就折腾得差不多了，大厦将倾，无人可救。

公元 1627 年，年仅 23 岁的天启皇帝朱由校即将撒手人寰，他的死因很有看点，竟然是——又吃错药了！

当时，朱由校在西苑游玩不幸落水，比画了几个狗刨，呛了几口西海子水，生了点受惊着凉的小病。

接着，有个叫霍维华的大臣，给朱由校献了一种“极品仙药”。这个药非常好喝，朱由校根本停不下来。结果，把自己喝得全身浮肿。

朱由校在弥留之际拉着五弟朱由检的手说：“魏忠贤可搞大事！”说完没多久，就咽气了。

而朱由检，虽然表面称是，内心却已经在悄悄考虑该怎么把魏忠贤弄死了。

篇九

大厦覆倾：朱由检有心翻盘 无力回天的悲剧人生

举目四望，山河破损，入耳之处，大顺军杀声震天，他生无可恋。

他割破手指，在打着补丁的龙袍上愤然写下血书：朕误听文官言，致失天下，任贼碎裂朕尸，但弗伤我百姓！

他最后一次把面子留给自己，把责任推给了别人。

……

……

魏忠贤，你自杀了事情就完了吗

事实上，魏忠贤的确是在搞一件大事——他拼了命从资本家和官老爷们身上刮银子……但是，钱，他并没有全部揣进自己腰包，而是拿出很大一部分去支援了袁崇焕的辽东前线。

很多人可能不知道，在当时，还发生过这样一件趣事。

辽东打仗缺马，魏忠贤就开了个特例——允许百官在宫中骑马，但骑马者必须每年献上好马一匹，而所得马匹，统统被魏忠贤送到了辽东。

不夸张地说，袁崇焕的军功章里，绝对有魏公公的“略尽绵力”。

然而，不管怎样说，魏忠贤毕竟坏事做太多，其中有一件就足以让朱由检将他碎尸万段！

朱由检非常敬重的养母李庄妃，因魏、客二人霸凌后宫，被活活气病，损了性命。而朱由检可是睚眦必报的。

再者说，一朝天子一朝臣，你不是我的人，凭什么得到我的放任？

这种情况下，魏忠贤又做了一个非常英明的决定——诸位，谁帮我踹下凳子……

他不想给朱由检将自己踩在脚底的机会。

为解心头之恨，朱由检再次下令，将魏忠贤的尸身碎尸万段，挫骨扬灰，悬头颅于河间府，将客氏活活鞭死于浣衣局。

顿时，东林党人高声叫好，齐夸小检英明领导。他们的眼中光芒暴涨，他们似乎在朱由检身上看到了希望。

尽管，他们的希望基本与国家兴亡无关。

接下来的几年，他们又开始高谈阔论，标榜高尚，昏招百出。

他们再次取消魏忠贤加收的工商税，理由还很正规：士农工商，士和农可是高等人，怎么好意思和下等商人争利益呢？于是改加农业税。

效果立刻显现——农民面朝黄土背朝天，辛苦一年还赔钱。明末本来就是灾荒连年，农民苦不堪言，索性不干了，造反！

那么，东林党人为什么非要这样做呢？是因为他们看不懂形势吗？不是，因为他们之中很多人都是商人家的孩子……

几乎与此同时，霹雳一声震天响！陕北一个快递员下了岗，走投无路之际，他决定——我们闯！

多年以后，这个下岗快递员实现了当初的梦想，创业成功，闯成了王。

袁督师被正国法，死法：千刀万剐

公元1626年的八月金秋，刚刚经受过战火洗礼的宁远城并不似想象中那般肃杀萧索，恰恰相反，老百姓们都很快活，因为——努尔哈赤死了！

宁远战役成就了袁崇焕的丰功伟绩，使他从二流武将一下子成了民族英雄，大伙都对他非常崇敬，亲切地称呼他为“大明炮神”。

没过多久，袁崇焕再立新功，赢得宁锦大捷。但因为党争，没有得到应有的赏赐，愤而辞职。

随后，朱由校宾天，朱由检接班，召袁崇焕出山，君臣之间来了一次面谈。

朱由检问袁崇焕："老袁，拿下辽东要几年？"

袁崇焕伸出五个手指，五年平辽！

然而，后金虽然折了努尔哈赤，但接班人皇太极也不可小觑，况且对方如今兵强马壮，袁大帅你这是要闹哪样？袁崇焕这话未免有点说过天了。

其实，朱由检的问话并不是非要一个准确的答案，这种情况，只要含糊其词，支支吾吾哄对方开心一下就行了。比如，等帝国兵强马壮，时机成熟，臣一定帮皇上拿回辽东！

但袁崇焕没有这样做，非但不含糊其词，还言辞凿凿：皇上，我给你讲讲我的平辽计划……

反正朱由检也听不懂，但不妨碍他听得很高兴，特赐尚方宝剑，让袁崇焕当蓟辽督师。同时，掏出心中的小本本，给袁崇焕记了一笔——"袁崇焕立军令状五年平辽！"

好吧，袁大帅你吹吹牛皮也可以，毕竟当时满朝上下都在耍嘴皮，朱由检估计也不会太在意。

但是，你不请示，不报告，扯个理由就把当朝一品武将杀掉，你眼里到底还有没有领导？

事情是这样的。当时有个高级武将叫毛文龙，人品不妄评，但打仗很行，绝对是后金的心头病。

当初皇太极最讨厌的两个人，一个是袁崇焕，一个就是毛文龙，后者在皮岛不断对后金进行骚扰，使得后金一直担心背后挨刀，不敢全力出兵。

袁崇焕因为毛文龙对自己不服从，斩杀了毛文龙，导致皮岛将士离心，一些将领纷纷投靠后金，其中包括孔有德、尚可喜、耿仲明……

要知道华夏上下几千年，包括历代皇帝在内，袁崇焕是唯一一个，敢不走任何程序，就直接把正一品武将砍了的人。唯一一个！

袁崇焕弄死毛文龙，结果引发了一系列可怕的连锁反应。其中最严重的就是皇太极顾头难顾尾的死局被盘活了！

再说后金这边，皇太极自继位以后，就一直想着为父报宁远之仇，可是袁崇焕的红夷大炮着实霸道，要是跟他硬碰硬，胜算不多。

其实，他试过，输得挺惨。

皇太极经过细致的研究，决定采取迂回策略，绕过袁崇焕去骚扰北京城里的皇帝，让袁崇焕的老板去找他晦气。它山之石，可以攻玉。

公元 1627 年，后金天聪元年，大明天启七年，皇太极决定挥师朝鲜，先凿掉明朝一个战略伙伴。

这场仗打了将近四个月，朝鲜尽力了，最终沦为战败国，被迫签下《江华盟誓》，保证再不支援毛文龙。

倘若明朝在这个节骨眼上派遣精锐部队，袭金援朝，朝鲜还能这么轻易被打败吗？结局难以预料。

但袁崇焕趁机夺下无人防守的锦州城以后，便开始待在城里修城墙，大明自扫门前雪，未管朝鲜瓦上霜。

不久，皇太极趁蒙古内乱，发动侵略战争，将林丹汗驱逐出境，迫使蒙古诸部与其结盟。

如果明朝在这个节骨眼上派遣精锐部队，袭金援蒙，蒙古会那么轻易屈服吗？结局有无数种可能。

但朱由检先生此时正忙着收拾魏忠贤余党，抽不出时间来思考蒙古的事情。

而袁督师此时正筹划着怎样杀掉毛文龙，同样没有时间向后金出兵。

公元 1629 年，后金天聪三年，大明崇祯二年，魏忠贤余党被消灭干净，毛文龙也被袁督师索了小命，皇太极发动“己巳之变”，绕过宁锦防线，兵分三路，直接打到北京城。

哎，要是朝鲜未败、毛文龙还在，他们与袁崇焕遥相呼应，三面夹击，皇太极焉敢置老巢于不顾，率重兵长途奔袭？

要是林丹汗还在，要是蒙古未与后金结盟，皇太极不死磕山海关，怎能杀到北京城？

是年，腊月初一，冷酷寒冬，袁督师驰援北京，崇祯不准他的部队进城，大军粮草用尽，荒郊露营，但还是击退了后金的一次次进攻。

皇太极拍了拍脑门，计上心头。这个计出自《三国演义》，参考的是“蒋干盗书”，叫反间计。

据说，皇太极抓了两个明朝太监，捆绑后扔进囚房。

到了半夜，太监“睡觉”的时候，他让看守者在门外小声说：“袁督师和大汗早有约定，北京城不日可破。”

结果两个太监根本没睡着，其实看守者也知道。

到了第二天，皇太极随便找个借口，演一出戏，就把两个太监放了。

太监回到宫中，立马向崇祯先生检举袁崇焕，“通敌”的借口给了满心猜忌的崇祯下决心干掉袁崇焕的理由，成了压倒袁督师的最后一根稻草。

崇祯先生以议兵饷为名，召袁崇焕进城。但城门紧闭，如何进去？

袁崇焕被装进了一个筐里，堂堂兵部尚书、蓟辽督师，被装进筐里，用绳子吊到城中，随即被捆绑。第二年，袁督师被正了国法，死法：千刀万剐。

皇太极以一条拙劣的反间计，完美地完成了借刀杀人之举。

袁崇焕死后，孙承宗接管辽西，但根本打不过皇太极。

此后的几年，皇太极频频发兵侵袭，战火燃至河北、山西、山东、江苏地区。

东北的战乱又让西北的农民军捡了便宜，大明朝内忧外患，奄奄一息。

洪承畴突然反水，朱由检无路可退

东北无将可用，朱由检这时也没了办法，只好拆东墙补西墙，把正在西北剿匪的洪承畴叫来应急。

洪承畴发迹于“内战”。

那是 1628 年，朱由检刚上台，陕北就造反，后来闹得最凶的就是那个下岗快递员。

这时候站出来一个中年油腻大叔，他说：谁不服！

穷苦出身的洪承畴明白，老百姓之所以造反，只是想吃一口饱饭。洪承畴没法让他们吃饱饭，却有法子让他们别添乱。

洪承畴在升任陕西总督以后，全盘推翻安抚政策，直接关闭投降受理业务，强势推出“干到死”套餐。

他的平乱业绩斐然，直打得张献忠逃入四川，打得李自成带着仅剩的十八罗汉在商洛大山里乱窜，打得朱由检老板喜笑开颜。

正当洪承畴拉开架势准备放狗搜山时，朱由检急电：快去东北和皇太极对战！

所有人的命运，都在这一瞬间发生了转变……

李自成原本已经命悬一线，这一刻，他死灰复燃，趁乱杀入河南，招揽灾民十数万，重新站在了起义军的顶端。

洪承畴来到辽东，他所面对的不再是临时起义的乌合之众，而是金戈铁马的八旗精英，前者只想吃口饱饭，后者的胃口是大明！

老洪，前途未卜，生死难定。

皇太极此时已经称帝，定都沈阳，国号大清，达到了人生的巅峰。

而朱由检，因为这些不太英明的决定，已经不可扭转地即将断送大明的性命。

洪承畴感到压力巨大：这次真的输不起，再输下去，人头落地。

皇太极也很有压力。

不过，头顶压力，才有动力！

洪承畴先动了。

公元 1640 年，大清崇德五年，大明崇祯十三年，大明督师洪承畴统大同总兵王朴、宣府总兵杨国柱、密云总兵唐通、蓟镇总兵白广恩、东协总兵曹变蛟、山海关总兵马科、前屯卫总兵王廷臣、宁远总兵吴三桂，共八大总兵 13 万人，4 万匹马，浩浩荡荡杀向锦州，打响松锦会战！

此战，清军投入兵马 11 万，大明在兵力上占优势。

但是，大明诸将中，除洪承畴、曹变蛟、吴三桂比较能打外，其他人都不太能打！

而满洲八旗，除极个别人不太能打外，其他人都特别能打。

于是，战斗刚刚打响，明朝 13 万大军便被清军断了粮道，随即被团团围在松山，三天没有吃饭，士气彻底被饿散。

洪承畴将八大总兵召集到一起，希望集众人之力商量个锦囊妙计，大家一起突围出去。

八大总兵个个摩拳擦掌，准备大干一场。

然后，大同总兵王朴率部跑了，接着，吴三桂、唐通、马科、白广恩、杨国柱见样学样，都跑了……只剩老洪和前屯卫总兵王廷臣、东协总兵曹变蛟仍留在包围圈中，叫天天不应，叫地地不灵。

公元1642年，大清崇德七年，大明崇祯十五年，2月21日夜，内鬼夏舒大开城门迎清军，松山失陷，洪承畴、王廷臣、曹变蛟都成了俘虏。

老洪说，什么威逼利诱、大刑伺候、高官厚禄，都不能让我动心。接着，便开始跟皇太极玩绝食。

皇太极劝得口干舌燥、言尽词穷，老洪丝毫不为所动。皇太极没有办法，脱下自己的裘皮大衣，轻轻地给老洪披在身上，正转身欲走。然后，老洪降了。

大明皇宫，朱由检一边摇头叹息，一边掐算日子，觉得老洪差不多饿死了，于是下旨：开会！

他要给老洪开一场规模超级宏大的追悼会，要给活着的大臣们上一堂生动的爱国主义教育课。

会上，朱由检情凄意切，沉痛致辞：

"呜呼洪卿！生而为英，死而为灵！想我大明，没你不行……"

正念到情深处，山海关发来急电：洪承畴降了，现在和皇太极称兄道弟！

朱由检虎躯一震，只觉两眼发黑，当即下旨：散会！！

正当朱由检一个人在皇宫里发愁苦闷，不知怎样破解这混乱局面时，山海关又发来急电：皇太极死了！死因竟然是——没毛病。

公元1643年，大清崇德八年，大明崇祯十六年，9月21日，大清开国皇帝皇太极，在中原未得、大欲未遂之际，突然无疾而终。死因遂成为至今未解的一个谜。

李自成：俺是真的不想北漂啊

大明皇宫，朱由检收到皇太极的死讯，一扫连日来的阴霾，正琢磨着如何趁他乱，要他好看，西北又发来急电：

——李自成血洗宁武关，周遇吉将军为国殉难！

满朝文武捶胸顿足、扼腕高呼："痛哉！真忠勇良将也！"

刚刚打下宁武关的李自成并没有很开心，相反，他很郁闷：说实话，我就是想弄点钱花，没想过真去北京城啊！

这个问题让李自成很头疼，思来想去，李自成决定：召集干部，开会！

会上，李自成积极倡议："兄弟们，宁武关都这么难打，前方凶险，要不咱回家吧！"

据《明季北略》记载，打下宁武后，李自成曾对手下将领说："宁武虽破，但咱们也受创不轻。从这里到北京，尚有大同十万兵，宣府十万兵，居庸关二十万兵……都像宁武这样打下去，咱们自己也被打残了，不如先回陕西，休养生息，将来再做打算。"

大家一致认为：闯王说得对！

结果李自成刚要班师回去，大同、宣府总兵先后不战而屈，高调表示："朱由检没能力，我们愿意辅佐闯王当皇帝！"

这就很尴尬了……北漂这条路，李自成只能硬着头皮走下去。

这个时候，李自成简直为明朝十几万降兵的吃饭问题操碎了心——

人家都降了，总不能让朱由检继续发军饷吧，但问题是，大顺军自己还没真正吃饱饭呢！

所以这十几万降军对李自成来说，不是如虎添翼，反而成了沉重的负担。

所以来到北京城下，李自成首先思考的问题不是如何破城，而是如何谈判。

他给朱由检写了一封信，一反常态地不再骂朱由检是昏君，而是客观地评价说“君非甚暗”——你当皇帝还是不错的。

然后很愤慨地对明朝群臣发出谴责，说你们一直被老朱家恩养着，做人是要讲良心的，为官要有职业道德，要懂得忠君爱国——求求你们别降了，我其实没有那么大野心的！

最后，李自成暴露了自己的真实目的——你还当你的皇上，封我做个西北王，每年给我百万军饷，这仗咱们就不打了。

然后，他苦口婆心地给朱由检讲合作的好处：你要是答应了我的条件，我就把西北以外的地盘和军队归还，更能在必要的时候帮你内平贼寇，外制清人。

为了使朱由检先生同意，李自成将农民军称为贼寇，狠起来连自己都骂。

但是，朱由检先生死活不同意，因为他要维护一个皇帝的尊严，更重要的是——他没钱！

朱由检为了强军强国，曾经也众筹过，结果满朝文武都说：“没钱，老板我们没钱！”

【注：以上桥段，根据史书《明季北略》《鹿樵纪闻》《甲申传信录》记载改编，至于当年有没有切实发生过，只能说仁者见仁，智者见智了。】

天子守国门，君王死社稷

朝堂上，朱由检一脸铁青，同群臣商议着破敌之法，平时用嘴就能杀敌于千里的朝臣们一边抹泪，一边一遍遍重复着废话。朱由检听着心烦，用指尖在案几上一遍又一遍狠狠地划刻着：文臣个个可杀！

往事一幕幕浮现，扳倒魏忠贤，诛杀袁崇焕……他第一次对自己产生了怀疑。就在此时，身边的太监曹化淳低声嘟囔了一句：若忠贤在，事不必至此……闻听此言，朱由检遍体生寒——倘若当时，自己能够放下私怨，暂留魏忠贤，或许真的不至于这么快就葬送大明江山。

可惜……

他下了生命中的最后一道正式圣旨——重新厚葬魏忠贤。

他对大臣们说：你们跟朕去列位先皇的灵牌前殉国吧……无人响应。

公元 1644 年 4 月 25 日，朱由检带着亲信太监王承恩爬上紫禁城北面的煤山。

举目四望，山河破损，入耳之处，大顺军杀声震天，他生无可恋。

他割破手指，在打着补丁的龙袍上愤然写下血书：朕误听文官言，致失天下，任贼碎裂朕尸，但弗伤我百姓！他最后一次把面子留给自己，把责任推给了别人。

当晚，他砍杀了自己的妻妾女儿，又将儿子秘密遣送出宫，便在煤山了断了自己年轻的生命。

天子守国门，君王死社稷——至少，他实现了对列祖列宗的诺言。

北京城外，李自成左等右等等不到消息，只好带兵攻打北京城了。

李自成进京以后，刚开始的几天，要做个好皇帝的理想还很坚定，他曾下令："敢有伤人及掠人财物妇女者，杀无赦！"

京城的生活秩序在那些天里还不错，商铺正常营业，老百姓也还能安居乐业。当时，曾有两个士兵进商铺抢劫，李自成得知后，直接就给凌迟处死了。官媒高调宣传，老百姓奔走相告，都说"闯王好，闯王妙，闯王当皇帝呱呱叫！"

然而，农民军的意志总是有限的，没过几天，李自成自己就先按捺不住了。他在明皇宫内找了个叫窦美仪的女子，从此一头扎入温柔乡。这是个腐败的信号。

果然，大顺军将士从上到下都开始迅速堕落，他们谁也不闲着，抢钱、抢粮、抢姑娘，老百姓再也不唱"迎闯王，不纳粮"了。

那么，大清在做什么呢？——枕戈待旦，一触即发——睿亲王多尔衮下令：凡七十以下、十岁以上的男丁全部进入备战状态！

那么，备受朱由检器重的那些为国为民的东林党人呢？水冷！——"河东投河去，牧斋怕水凉"。

据说，朱由检吊死煤山三日后，他的遗体才被李自成的部下发现。有人亲见并记下了这位大明末代皇帝的遗容：

以发覆面，衣衫凌乱，龙袍不见，双脚鞋袜不全……

——这是最后一位汉人皇帝留给世人最后的印象。

崇祯皇帝朱由检，一生想要振兴大明，他很努力，殚精竭虑，也不荒淫，恭俭劳勤，却始终无法扶正将倾之大厦，这里有命运的捉弄，也有他对自己的放纵。

著名史学家孟森前辈曾说："思宗若在万历以前，非亡国之君；在天启之后，则必亡而已矣。"